论新常态

李扬 张晓晶 著

人民出版社

责任编辑:陈 登 张 燕

图书在版编目(CIP)数据

论新常态/李扬 张晓晶 著. -北京:人民出版社,2015.2
ISBN 978－7－01－014497－9

Ⅰ.①论… Ⅱ.①李…②张… Ⅲ.①中国经济-研究 Ⅳ.①F12

中国版本图书馆 CIP 数据核字(2015)第 024820 号

论 新 常 态
LUN XINCHANGTAI

李扬 张晓晶 著

人 民 出 版 社 出版发行
(100706 北京市东城区隆福寺街 99 号)

环球印刷(北京)有限公司印刷 新华书店经销

2015 年 2 月第 1 版 2015 年 2 月北京第 1 次印刷
开本:710 毫米×1000 毫米 1/16 印张:14.5
字数:172 千字 印数:00,001-10,000 册

ISBN 978－7－01－014497－9 定价:35.00 元

邮购地址 100706 北京市东城区隆福寺街 99 号
人民东方图书销售中心 电话 (010)65250042 65289539

论
"新常态"

目 录

导 言

导　言

一

近年来，在讨论全球金融危机以来的国内外经济发展格局时，越来越多的人倾向于用"新常态"（new normal）加以描述；其他如经济发展的"新阶段""新时期""新秩序"等等概括，表达的也是相同的意思。

但是，"新常态"一词，在国内外的缘起及其表达的含义并不完全一致。

在国际上，"新常态"一词最初是与经济衰退联系在一起的。

早在2002年，"新常态"一词就已在西方媒体中出现，其经济含义，主要是指无就业增长的经济复苏。在全球金融危机爆发之后，"新常态"旋即转变为刻画后危机时代全球经济新特征的专用名词。2009年，更有一些媒体和知名学者开始在危机之后的长期深度调整的意义上使用新常态概念。例如，2010年，太平洋投资管理公司（PIM-CO）CEO默罕默德·伊尔艾朗就在一份题为《驾驭工业化国家的新常态》的报告中，正式在后危机时代之深度调整的意义上提出了新常态概念（El-Erian，2010）。自那以后，这一概念迅速传播开来，成为诠释危机后世界经济特征的流行词汇。例如，克拉瑞达（Clarida，2010）就曾指出：在"新常态"下，发达经济体（高收入国家或工业化国家）的经济特征可以概括为"低增长、高失业以及投资的低回报"。

在中国，"新常态"一词则与中国经济转型升级的新阶段密切相联。

2014 年 5 月，习近平主席在河南考察，论及经济形势时，他说："我国发展仍处于重要战略机遇期，我们要增强信心，从当前我国经济发展的阶段性特征出发，适应新常态，保持战略上的平常心态。"7月 29 日，在中南海召开的党外人士座谈会上，习近平问计当前经济形势，又一次提到"新常态"，他进一步指出："要正确认识我国经济发展的阶段性特征，进一步增强信心，适应新常态，共同推动经济持续健康发展。"11 月 10 日，在北京召开的 APEC 工商领导人峰会上，习近平发表主旨演讲，集中阐述了我国经济发展新常态下速度变化、结构优化、动力转化三大特点，继而，他集中阐述了新常态将给中国带来四个新的发展机遇：第一，新常态下，中国经济增速虽然放缓，实际增量依然可观；第二，新常态下，中国经济增长更趋平稳，增长动力更为多元；第三，新常态下，中国经济结构优化升级，发展前景更加稳定；第四，新常态下，中国政府大力简政放权，市场活力进一步释放。到了 2014 年 12 月 9 日的中央经济工作会上，新常态进一步上升为中国目前及未来一段时期的经济发展战略的逻辑起点。在这个重要会议上，习近平主席从消费需求、投资需求、出口和国际收支、生产能力和产业组织方式、生产要素相对优势、市场竞争特点、资源环境约束、经济风险积累和化解、资源配置模式和宏观调控方式九个方面，详尽分析了中国经济新常态的表现及原因，然后他总结道："我国经济发展进入新常态是我国经济发展阶段性特征的必然反映，是不以人的意志为转移的。认识新常态，适应新常态，引领新常态，是当前和今后一个时期我国经济发展的大逻辑。"

显然，新常态概念在国内和国外基本上是相对独立形成的，而中国的新常态更应该看作是习近平主席的创造性转化：如果说全球新常态是对未来世界经济趋势的一种悲观认识，那么，中国新常态则包含着经济朝向形态更高级、分工更复杂、结构更合理的阶段演化的积极的内容。

全球新常态与中国新常态有着共同的经济基础。国内外的经济学家、政治家和商界领袖们都清醒地认识到，自本轮全球危机以后，全球经济的发展，包括构成"全球"的各个国家的经济发展，自然也包括中国在内，均进入了一个新的发展时期。但它们之间的区别也十分明显。在国际上，新常态更多地是被动地反映了自 20 世纪 80 年代以来的经济增长之长周期的阶段转换，其隐含的意蕴，如果不是消极的，至少也是无可奈何的。在中国则不然，新常态构成面向未来更高发展目标的战略规划，它不仅分析了中国经济转型的必要性，而且明确指出了中国经济转型的方向，同时也指出了转型的动力结构。

二

"新常态"是一个具有历史穿透力的战略概念。

一个"新"字，将 20 世纪 80 年代中后期以来的全球发展划分出存在系统性差别的两个不同时期。就外在特征而言，两个时期的经济增长率存在高低之别，自然地，与之内洽的宏观经济变量，诸如就业、物价、利率、汇率、国际收支、财政收支、货币供求等，均呈现出不同的水平。就内在根源而论，支持经济长期发展的实体基础，诸如科技创新及其产业化水平、人口结构、要素供给效率、储蓄与投资关系，以及储蓄投资均衡状态下的真实利率水平等，都彰显出不同的性状。因此，新常态概念昭示我们：在认识当前、规划未来时，我们必须首先沉下心来回顾来路，对"旧常态"进行认真分析，搞清楚我们几十年前从何处出发，何以发展到今天，如今何以不能循旧轨继续走下去，今后又将向何处发展，以及我们将创造怎样的实体经济基础和体制机制去实现这一转型。

"新常态"的判断，指示出当前及未来一段时期国内外经济发展的基本底色。它提醒我们，旧常态的辉煌或许值得眷恋，但是，在大概率上，它已经很难回归。因此，面向未来，我们必须全面调整理念、心态、战略和政策，主动适应新常态，学会在新常态下生产和生活，并积极地引领新常态向着我们设定的更高目标发展。

毫无疑问，新常态蕴含着发展的新动力。发现、挖掘并运用好这些动力，需要我们对旧常态下习以为常的发展方式进行革命性调整，必须对已被旧常态扭曲的经济结构进行壮士断腕式改革，必须以高度的智慧引领新常态。这意味着，改革构成新常态条件下的经常性任务。

鉴于新常态事实上是一个全球性现象，我们可以合乎逻辑地认为，2008 年金融危机以来，全球已进入了一个"改革竞争期"。这意味着，对改革的紧迫性、艰巨性及其多样化内容认识得最深刻、策略最完备、决心最大、效果最明显的国家，将会在未来的全球竞争中抢占先机。毫无疑问，这一次，中国再次走在世界前沿：中国共产党十八届三中、四中全会通过的全面深化改革和依法治国的决定，以及2014 年底召开的中央经济工作会议，已为我们勾画出进行新一轮改革、实现中国梦的完备纲领。

第一篇

回望旧常态

欲深刻研究新常态，必认真回顾旧常态。如果不了解我们从何处出发，何以发展到今天，如今何以不能循旧轨继续走下去，今后又将向何处发展，我们便无从认识新常态，适应新常态，更无从引领新常态。

新常态之前，全球曾经历过一个被经济学界称为"大稳定"的旧常态阶段。旧常态以持续高增长、低通胀、低失业率和经济周期波动弱化并存为基本特征。"大稳定"是全球范围内科技进步、体制机制变革和全球化深入发展的综合产物。

2007年是"大稳定"转为大危机的关节点。发生这一转折的基本原因有三：其一，经历了20余年承平之世，世界各国普遍存在经济发展方式偏颇和经济结构扭曲问题，但耽于"大稳定"的安乐，多数国家特别是发达经济体长期不思调整；二是全球分工重组后形成的不合理全球经济秩序和相应的治理体系，引致严重的全球经济失衡，以中国为代表的新兴经济体先后崛起，开始对旧秩序发动冲击；三是全球经济长周期的上升阶段基本耗尽了它的动力，开始进入下行阶段。

随着以"大稳定"为主要特征的旧常态的结束，全球经济进入一个深度调整与再平衡的新常态。世界和中国，概莫能外。

第一章　新常态前史

新常态不仅是相对于旧常态而言，更脱胎于后者。因此，论述新常态，必须从旧常态说起。我们首先需要对旧常态的表现形式、实体经济根源及其内在矛盾进行深入分析，然后，进一步探讨那些蕴含在旧常态之中的深层次矛盾如何展开并发展，终至引致危机并进入新常态。

本章所称之"旧"，仅取其"过去"之含义，它指的是自 20 世纪 80 年代中期至本世纪全球金融危机之前长达 20 余年的那一段时期。国际经济学界用"大稳定"（great moderation）① 来刻画这一时期的基本状态。显然，"旧常态"概括的是人类社会难以忘怀的一段繁荣时期。

本章首先分析旧常态的基本特征，然后探讨支撑"大稳定"的实体经济因素，最后，分析深藏在繁荣表象之下的旧常态的深刻矛盾。在我们看来，旧常态以持续高增长、低通胀与低失业率并存为其基本特征，同时，经济周期波动的特征也明显弱化。"大稳定"是全球范围内科技进步、体制机制变革和全球化深入发展的综合产物。2007年是"大稳定"转为大危机的关节点。发生这一转折的基本原因在于：一是世界各国普遍存在经济发展方式偏颇和经济结构扭曲问题，

---

① "大稳定"的概念，首先由美国经济学家 Stock 和 Watson 提出（Stock 和 Watson，2002），并经前美联储主席伯南克进一步发展（Bernanke，2004）。

但耽于"大稳定"的安乐,多数国家特别是发达经济体长期不思调整;二是全球分工重组后形成的不合理国际经济秩序,引致了严重的全球经济失衡;三是全球经济长周期的上升阶段结束,开始进入下行阶段。

随着以"大稳定"为主要特征的旧常态的结束,全球经济进入一个深度调整与再平衡的新常态。世界和中国,概莫能外。

一、"大稳定"光环下的旧常态

从 20 世纪 80 年代后期至本轮危机爆发前,全球经历了一个前所未有的长达 20 余年的"大稳定"时期。在此期间,虽然经历过 1990～1991 年美国经济低迷、1997～1998 年亚洲金融危机,以及新千年初曙的 IT 泡沫破裂,但美欧发达经济体以及中国等新兴经济体的发展态势整体良好,并未出现持续的动荡和衰退。总体上看,经济持续增长、低通货膨胀率与低失业率并存,经济周期波动特征明显弱化,是这一时期全球经济发展的基本态势。表 1.1、表 1.2 列示的主要经济体的核心宏观经济指标刻画了这一态势。

表 1.1 世界主要经济体 GDP 年均增速

（单位:%）

	1970～1979 年	1980～1989 年	1990～2007 年	2008～2013 年
美国	3.54 (2.28)	3.14 (2.57)	2.98 (1.32)	0.99 (2.15)
欧盟	3.51 (1.83)	2.29 (1.16)	2.32 (1.00)	−0.12 (2.35)
中国	8.37 (6.37)	10.09 (2.96)	9.98 (3.06)	8.99 (1.11)

	1970～1979 年	1980～1989 年	1990～2007 年	2008～2013 年
东亚及太平洋地区（发展中经济体）	7.68（3.12）	7.91（1.80）	8.42（2.52）	8.09（0.96）
拉丁美洲及加勒比海地区	6.00（1.33）	2.08（2.59）	3.14（1.93）	2.85（2.45）
撒哈拉以南非洲	4.06（2.66）	1.74（1.71）	3.49（2.70）	3.98（1.17）
世界	3.99（1.65）	3.07（1.34）	2.97（0.96）	1.80（2.09）

注：①数据源自世界银行，*World Development Indicators*，*2014*。
②表中括号内为各时期内年增速标准差。

表 1.2　世界主要经济体通货膨胀率

（单位：%）

	1970～1979 年	1980～1989 年	1990～2007 年	2008～2013 年
美国	6.72	4.72	2.32	1.53
欧盟	9.00	6.12	3.84	1.73
中国	−0.27	4.91	6.13	4.22
东亚及太平洋地区（发展中经济体）	－	5.27 *	5.20	3.64
拉丁美洲及加勒比海地区	11.39	9.25	7.92	4.68
撒哈拉以南非洲	9.28	10.15	8.13	6.75
世界	9.50	7.74	5.74	4.41

注：①数据源自世界银行，*World Development Indicators*，*2014*。
②通货膨胀率以 GDP 平减指数测算。
③ * 表示 1982～1989 年数据。

　　"大稳定"不仅存在于平均数中，而且存在于构成这个平均数的世界各个国家和地区中，同时也存在于构成经济整体的各个侧面中。我们可以从如下五个方面更具体地刻画"大稳定"时期的主要特征：

　　其一，同 20 世纪 70 年代的"滞胀"相反，发达经济体在这一时期经济发展态势良好，经济增长较快，且未出现严重的通货膨胀。以美国为例，在20世纪70年代至80年代初，美国经济增长缓慢，并且出现剧烈起伏。其间，曾出现过1982年增长－2%和1984年增长7.3%的极值。此后，经济在较长时段保持高速增长，特别是在1991年轻微衰退后——当年GDP增速为－0.07%，周期高峰至低谷历时仅8个月，美国在1992～2007年间经历了战后罕有的连续16年的经济扩张期。其间不仅未出现GDP年度负增长现象，年均增速更达到3.24%。这同1970～1982年间2.76%的年均增速，以及2008～2013年间的0.99%的年均增速对比明显。更为难得的是，与持续增长相伴的是温和的通货膨胀，特别是，美国在1990～2007年间的通胀率仅为2.32%（见表1.2），接近既能保持物价稳定，又能避免经济萧条的理想水平。这一良好表现，令很多研究者兴奋，以至长期研究美国生产率问题的著名经济学家罗伯特·戈登指出，同"大萧条"前的20世纪20年代类似，20世纪90年代的美国经济形势简直是对作为宏观经济学基本法则之一的"菲利普斯曲线"① 的嘲弄（Gordon，2005）。

其二，锦上添花的是，在经济的"水平值"持续向好的同时，经济变量的波动性也趋于温和，这构成了"大稳定"最突出的特点之一。如Stock和Watson（2002）通过对季度GDP增速标准差的研究发现，1990～2001年，美国经济增长波动幅度明显小于1960～1969年、1970～1979年和1980～1989年三个不同时期。Stock和Watson的研究进一步显示，在GDP波动趋缓的同时，通货膨胀率、投资、消费、进出口、政府支出、非农就业等多个关键宏观指标也在"大稳定"时期呈现出波动减弱的特点。当然，值得指出的是，各个指标的波动率

① 即Phillips Curve，该曲线描述了失业率和通货膨胀率之间的负相关关系。

下降幅度有较大差异。如 Davis 和 Kahn（2008）指出，耐用品部门和存货变动对总产出波动趋缓的贡献巨大，企业层面的就业波动也明显减弱，但微观上的工资、收入和消费支出（主要指非耐用品和服务消费）的波动率下降并不明显，表明"大稳定"可能对居民福利的增进作用有限①。除美国外，布兰查德和西蒙斯（Blanchard 和 Simon，2001）的研究显示，除了经历长达近二十年经济萧条的日本之外，英国、法国、德国、加拿大等主要发达经济体也在近似时期中程度不同地显现出"大稳定"的趋势。

其三，继第二次世界大战之后日本经济快速复苏和随后在 20 世纪 60 年代和 70 年代启动的"亚洲四小龙"增长奇迹之后，泰国、马来西亚、印度尼西亚、菲律宾、越南等东南亚国家（即 ASEAN 5）在外向型经济发展战略的引导下，出现跳跃性增长，进而再次创造了东亚增长奇迹。资料显示，上述五国在 1980～1989 年 GDP 年均增速达到 5.30%，在 1990～1997 年进一步提速为 6.94%。虽然如此良好的发展势头受到 1997～1998 年亚洲金融危机的重创，但其后韩国等国实现快速复苏，中国的持续增长也继续为地区发展发挥积极的辐射和稳定作用，亚洲新兴市场作为整体，在"大稳定"下的黄金发展期并未就此终结。数据显示，在 1990 年，国际货币基金组织定义的 29 个亚洲新兴和发展中经济体整体 GDP 仅占世界 GDP 总量的 4.8%（不含中国为 3.0%，下同），到 1997 年，该 29 个经济体的占比已经上升到 6.7%（3.6%），在 2007 年，则进一步升至 10.6%（4.5%）。但也须注意到，亚洲金融危机前后，新兴市场经济体在金融开放等关键领域态度发生剧烈转变。在危机前，新兴市场经济体普遍热衷于金

---

① 这一判断的依据在于，主流宏观经济学认为，即使出现较剧烈的产出波动，居民如果能通过金融市场等途径平滑其消费，则其福利水平并不会出现较多下降。

融开放、浮动汇率以及国际资本的自由进出；危机后，新兴市场经济体开始大量积累外汇储备，加强对国际资本流动和汇率的管制，并以"财政整固"等方式开始修复公共部门的资产负债表。Aizenman 等（2010）据此将新兴市场的"大稳定"时期分为两段（另见 Bernanke，2004），其分界点便是亚洲金融危机。

其四，广大发展中国家也在"大稳定"时期取得了长足的进步。如拉美国家逐渐从 20 世纪 70、80 年代的经济萎靡和债务危机中复苏，进入新的经济增长期，并在吸引外资、发展外贸、稳固财政等多个方面实现明显改观。仍以经济增长为例，整个 20 世纪 90 年代，尽管其间也在墨西哥（1994～1995 年）和巴西（1999 年）等国爆发了货币金融危机，但拉美地区整体经济增长表现不俗，年均增速达到 3.2%。这不仅明显高出 20 世纪 80 年代的增速，更快于同期世界经济平均增速。此外，在拉美经济向好的同时，此前所谓"被人遗忘的大陆"——非洲也迈开了其赶超的步伐。特别是，得益于深层经济改革、积极参与全球化、不断推进经济结构转型、加强基础设施建设以及加快资源开发利用等多种因素，包括撒哈拉沙漠以南地区的非洲罕有地实现了战后独立以来的快速增长与社会发展，成为继亚洲新兴市场后又一世界经济活力的来源，它们与其他经济体的差距也在缩小。

其五，"大稳定"时期全球发展最炫目的亮色在古老的东方。中国这个 5000 年文明古国坚定不移地坚持市场取向的经济体制改革，并积极参与国际市场与国际分工合作，作为结果，中国经历了长达 30 余年的以工业化赶超和出口导向为主要特征的"结构性加速"过程。1978～2013 年，中国经济保持了年均近 10% 的经济增长率，并使占世界五分之一的人口生活水准显著提高，整体经济进入了以新型工业化、新型城镇化和"中等收入"为主要特征的新的发展阶段。这一旧常态下的发展奇迹不仅在18世纪工业革命以来的人类历史中绝无仅有，更使中国在经过了近二百余年的沉沦后，重新回归国际经济政治金融舞台的中心位置，世界大势也因此日益强烈感受到"中国因素"的影响。

二、"大稳定"探源

论及促成"大稳定"的原因，可谓观点纷呈且侧重点各异（详见 Clark（2009）对有关文献的综述）。正如伯南克所说，对于像大稳定这类复杂现象的解释很难清晰明了，各种解释实际上都只包含了部分真理（Bernanke，2004）。我们认为，持续二十余年的"大稳定"，显然是多种因素共同作用的结果，其中，科技进步加速、体制机制变革、宏观政策稳定、经济结构调整、外生冲击弱化以及全球化深入发展六项因素，最为重要。

首先是科技进步。20世纪80年代末期以来，美国等发达经济体进入到一个技术进步相对较快的时期（Gordon，2005）[1]，特别是在信息、通讯、能源、生物医药等多个领域，涌现出一系列科技创新与重大突破。尤其应当指出的是，与过去任何繁荣时期不同的是，在此期间，金融领域中也发生了以投资银行机制和风险投资机制勃兴为代表的一系列创新。这些创新使得金融与实体经济直接对接且相互促进。

---

[1] 需要注意的是，Gordon 的研究表明，20世纪90年代的技术进步加速仅相对于80年代而言。对比20世纪20年代至70年代，这一时期的技术进步速度仍较慢。下文对此还有进一步论述。

携金融创新的勃勃生机，科技创新得以快速、大规模地产业化，铸就了此间高速增长的最重要实体经济基础。一时间，以信息技术等高科技产业和高端生产性服务业为核心的"新经济"（The New Economy）成为时髦，并开始取代以制造业为核心的传统经济结构与产业模式。生产率的快速提高，成为推动"大稳定"时期经济增长的重要源泉（参见 Gordon，2010）。

从制度因素看，早在 20 世纪 80 年代，世界主要经济体便广泛致力于市场导向的体制改革和结构调整。例如在美国，旨在放松管制的改革取代凯恩斯主义而盛行，时任总统里根以供给学派和货币学派等经济学说为指引，推出了以缩减财政开支、减税、降低社会福利、放松企业管制、稳定货币供应量等措施为主要内容的经济政策，形成所谓的"里根经济学"（亦称"供给经济学"）。与之呼应，英国首相撒切尔夫人则在大西洋的彼岸推动了大规模的私有化政策，一大批能源、电信、交通领域的国有企业股份被卖给私人，第二次世界大战之后政府兴建的成片住宅也实行了私有化。同时，国家对金融等行业的监管逐渐放松，在此背景下，伦敦金融城以"大爆炸"为开端再次崛起，迅速成长为仅次于纽约的举足轻重的国际金融中心。在西方发达国家积极推动"新自由主义"改革之时，1990 年前后，苏联及东欧国家，以及拉美、非洲等发展中经济体也相继推行改革，他们实行了各种形式的市场经济体制，并致力于打破过去被隔绝的状态，努力全面融入全球分工体系。包括中国在内的亚洲经济体则普遍制定了合适的政策体系，并大力推进对外开放，收获了典型的发展中经济的后发红利。

从政策因素看，在经历了多次石油危机和"滞胀"冲击后，发达经济体的宏观经济管理，特别是货币政策水平有显著提高。这主要归因于政策制定者对于经济运行以及政策预期效果有了更深入的理解，运用宏观调控政策也更为娴熟。如布兰查德和西蒙斯（Blanchard 和 Simon，2001）的研究发现，同经典理论相悖的是，第二次世界大战战后以来美国产出波动率和通货膨胀波动率呈现明显的同步性。这表明，在维护物价水平稳定的同时，货币政策也在平滑经济周期中有所贡献。此外，伯南克（Bernanke，2004）借助泰勒曲线①的分析视角指出：货币政策效率的提高——特别是对比 20 世纪 60 年代和 70 年代被普遍认为失败的货币政策时期②，使得泰勒曲线发生偏向原点的移动，即经济体实现了更低的产出波动和通胀波动的组合。

从经济结构看，自 20 世纪 80 年代中期以来，随着市场制度的完善、信息技术的普及应用、金融市场的深化发展、产业结构由制造业向服务业转变等因素，美国等发达经济体抵御商业周期的能力明显增强。特别是，企业能够更好地调节供需缺口、管理存货③、吸收冲击、并能更有效地利用发达的金融市场分散和对冲风险。如此等等，都成为促成"大稳定"的不容忽视的因素。仅以金融为例，"大稳定"时期也是第二次世界大战结束以来全球金融产业最为繁荣的发展期，而金融业的大繁荣对资本的有效配置以及管理与防范财务风险都有不容

---

①　即 Taylor Curve，反映了产出波动和通胀率波动之间的负向关联。根据相关的理论假设，货币当局只能在更高（低）产出波动和更低（高）通胀率波动之间进行选择。

②　对此，Romer 和 Romer（2002）的研究指出，在 20 世纪 60 年代，美国的政策制定者认为扩张性的货币财政政策可以持久地降低失业率，且代价甚微。20 世纪 70 年代，虽然决策者开始认同弗里德曼和菲尔普斯关于自然失业率的假说，即在长期，扩张性政策无法使失业率降至低于自然失业率，而只会推高物价水平。但彼时决策者估计的自然失业率过低，因此继续推行扩张政策。作为上述失误的结果，20 世纪 60 年代后期至 80 年代前期美国经历了较高的通货膨胀率。

③　值得强调的是，作为总产出与最终消费的差额，存货具有投资的属性，相对规模一般较小。但根据一般经验，存货变动往往成为总产出波动的主要贡献者。关于"大稳定"时期美国存货管理，见 Davis 和 Kahn（2008）。

小觑的贡献。根据 Abiad 等人构建的金融自由化指数（Abiad 等，2008），在布雷顿森林体系解体后的三十余年间，包括发达国家和亚洲新兴市场在内的几乎所有经济体，都经历了明显的金融自由化趋势，其中，又以 1990～1995 年间的改革举措最为密集。另外，在此期间发生的金融体系的"投资银行化"和"直接投资化"趋势等，由于密切了金融与实体经济特别是创新企业的关系，更对"大稳定"做出了不可磨灭的贡献。

从外生冲击看，首次提出"大稳定"概念的斯托克和沃特森（Stock 和 Watson，2002）倾向于将经济周期的缓和归结为遇到了好运气（good luck）。在他看来，在这段时期，对经济的各种外生冲击均呈减弱之势，包括可识别的生产率冲击和价格冲击，以及不可识别的其他未知冲击，这构成"大稳定"的主要成因。在他们看来，上文述及的经济政策水平提高和微观管理改善等因素对"大稳定"的贡献并不突出。按照这一逻辑，由于"大稳定"主要由外生于经济系统的变量趋稳促成，而这在很大程度上纯属偶然，因此，"大稳定"或许并没有可持续的基础①。

最后，从国际分工格局来，大稳定的起点，正是第二次世界大战后持续近四十年的冷战结束之时。冷战的结束，给全球的国际关系带来了大缓和，长期以意识形态分野的东西方两大阵营的对峙趋于消解，全球化则在此时迎来了一轮新的高潮。特别是，此间中国、印度、苏联及东欧等经济体积极参与到全球统一市场和统一规则的构建之中，不仅自身收获了"全球化红利"，也极大地提升了全球范围内

---

① 定量地看，Stock 和 Watson（2002）的估算显示，宏观政策改进只能解释 10% 至 25% 的商业周期波动的减弱，而可识别的生产率冲击和价格冲击可解释 20% 到 30%，其他未知冲击则能解释 40% 到 60%。

的资源配置效率。这无疑成为推动这一时期世界经济整体向好的重要力量（参见 Freeman，2005；IMF，2007）。

三、福兮祸所依：从稳定到失衡

"大稳定"的耀眼光环，不免会带来一些历史误解。其中最有代表性的，就是"历史终结论"的登场。持此观点的学者认为，如此前所未有的黄金发展期，都得益于以"自由放任"和政府最小化为基本原则的自由资本主义市场经济的全球发展，得益于集中体现这些原则的"华盛顿共识"的推广。在这样的制度基础上，大规模的经济危机将永久消失，在一定意义上，人类历史将终结于此一美好时期（福山，1998）。

翻开历史一查，我们看到，历史终结论并非什么新鲜东西。大致的规律是，只要全球经历了一个显著长度的繁荣时期，就会有人为之迷醉，进而口放妄言。例如，早在 19 世纪后半期，当欧洲人沉浸在维多利亚时代（Victorian Era）和美好年代（La Belle Epoque）的辉煌之中时，便产生了类似历史终结的妄念。很快，随着第一次世界大战的硝烟和随后的大萧条，这一幻想便灰飞烟灭了。①

然而，历史总在不断上演祸福相依和相互转化的故事。2007 年初爆发的美国次贷危机，结束了"大稳定"下的"旧常态"。一时间，久违的增长乏力、失业率高企、物价起伏、金融动荡等又纷纷"昨日重现"，全球经济也陷入自 20 世纪 30 年代以来规模最大的衰退

---

① 参见李扬、张晓晶：《失衡与再平衡》，中国社会科学出版社 2013 年版。

之中。"大稳定"长存论和所谓"历史终结论",自然烟消①。

毫无疑问,2007 年以来的危机绝非凭空产生,而是在"大稳定"下掩盖的各种矛盾累积的必然结果和一次总爆发。例如在美国,危机前的近二十余年间,美国经济便已逐渐显现出传统产业衰败、经济泡沫化加剧（新技术领域和资产市场等）、金融过度繁荣、政府财政赤字飙升、政府监管缺位、住户部门杠杆率攀升、国际收支逆差扩大等一系列结构性矛盾与失衡。更为严重的是,其间,各国政府在"良性忽视"思路指导下采取的各种政策措施,不仅没有矫正上述扭曲,反而使它们愈演愈烈。更重要的是,以美国为首的发达经济体凭借着掌握的国际货币供应权和国际事务的话语权,可以在相当程度上和在相当长的时期内借助新兴经济体蓬勃发展之成果,来为其日益扭曲的经济行为"买单"。如此循循相因、恶性循环,终致结构扭曲、经济失衡常态化、持久化,非有一次大危机而难以矫正。

在一个全球化的经济中,经济的兴衰转化,关键环节和爆发点集中存在于各国国际收支特别是经常项目收支的变化上。在美国,尽管在 20 世纪 70 年代,随着"尼克松冲击"和《史密森协定》等事件相继发生,以"黄金—美元"锚定的布雷顿森林体系逐步瓦解,但是,凭借美国强大的综合国力,美元仍旧在国际储备、贸易、投资等多个领域充当霸权货币②。作为结果,美国在坐拥美元特权的同时

---

① 当然,对于"大稳定"是否随着 2007 年危机的爆发而结束,也有学者持不同看法。如 Clark（2009）指出：2007 年以来产出波动的提高并未延及服务业等部门,并且主要归因于在石油价格和金融市场运行等方面的冲击。而这种"坏运气"导致的波动加剧不会持续,美国等经济体将重新回到冲击前的高增长、低波动的运行轨道。所以在此意义上"大稳定"并未结束。

② 如以储备币种比例衡量,根据国际货币基金组织的 COFER 数据,美元储备至今仍约经约占已识别的全球官方外汇储备的 60%,远高于排名第二的欧元,后者只占近四分之一。另见 Farhi 等（2011）。

（如获取铸币税、便利对外融资、降低自身国际贸易和投资风险等），也继续受到"特里芬难题"（Triffin Dilemma）的困扰①。其集中表现就是，在布雷顿森林体系崩溃之后，美国延续并加剧了其经常项目逆差的趋势。从图1.1可见，自1992年开始，美国经常项目不仅连年录得负值，且在本轮危机前出现逆差持续扩大的趋势——至2006年，其国际收支逆差占GDP之比已经达到5.8%。与此同时，中国等新兴市场经济体以及石油输出国的国际收支则持续出现顺差，其中有相当部分正对应着美国的逆差。中国顺差的增长尤其显著。自2001年加入世界贸易组织以来，中国贸易顺差占GDP的比例由2001年的1.3%，迅速升至2007年的创记录的10.1%。更严重的是，从全球宏观经济运行的基本关系看，与经常账户失衡相对应的，便是对外负债恶化，换言之，与美国贸易逆差日益增大相对应的，是该国对外负债日趋增长。在长期的预算约束之下，这一失衡状态是不可能持续的（参见Taylor，2002）②。

全球失衡固然直接表现为各国国际收支账户的不平衡，但是，追根溯源，更深的原因则在于参与全球化的各国国内储蓄与投资的不平衡。从理论上说，在开放经济中，一国之总供给由居民储蓄、政府储蓄和进口构成；总需求则由居民投资、政府投资和出口构成。根据国民收入恒等式，居民储蓄与政府收入之和等于一国之总储蓄，居民投

---

① 这一概念于20世纪60年代由美国经济学家特里芬提出（Triffin，1960）。简言之，特里芬难题可以理解为"信心"与"清偿力"的两难。即作为国际货币的提供者，一方面，美国应当保持长期的国际贸易顺差，以维护美元币值的稳定，由此构筑对美元的信心；但另一方面，国际市场的偿付需要，又要求美元必须大量外流，即美国又应保持长期的贸易逆差。

② 同样根据宏观经济学恒等式，这还可以理解为美国国内储蓄与投资出现缺口，需要外部融资。而中国等国国内储蓄在用于国内投资后还有剩余，需要对外投资。从此角度看，两种情况均属不可持续的失衡的国际资本流动状态。

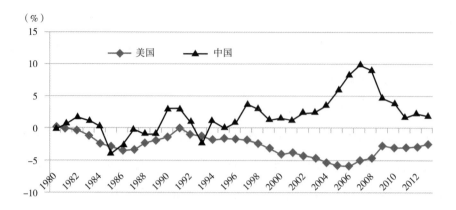

图 1.1　1980—2013 年中国、美国的外部失衡（经常项目差额／GDP）

资料来源：IMF，World Economic Outlook Database，2014。

资与政府支出之和则等于一国之总投资；一国总储蓄与一国总投资之
差等于净出口。于是，若一国储蓄小于其投资，即出现储蓄缺口，该
国就须以贸易赤字形式来"进口"别国储蓄以实现宏观经济均衡；反
之，若一国储蓄大于投资，即出现投资缺口，该国便须以贸易顺差形
式来"出口"本国储蓄以实现宏观经济均衡。这种内外联系告诉我
们：在全球化下，一国（特别是类如美国这种具有国际影响力的大
国）之国内经济状况与其国际收支状况是互为镜像的。进一步，当我
们看到一国之经常账户出现赤字并愈演愈烈之时，我们便可有把握地
判断，该国国内的经济结构一定是严重扭曲且不可持续的。深一步的
引论是：当主要国家之外部和内部失衡日积月累并达到一定程度时，
全球性金融和经济危机便不可避免了。

　　全球失衡的实体经济基础在于各国储蓄投资的失衡。因此，为了
分析全球失衡现象，我们显然还须深入到国家或国家组的层面，分析
它们各自的储蓄、投资状况以及相互之间的关系。

　　根据国际货币基金的统计，自 20 世纪 70 年代以来，发达经济体

的储蓄率一直是下降的。在日本和欧元区各国，储蓄率的下降起初是由于公共储蓄率的下降，而后则主要归因于家庭储蓄率的下降。在美国，家庭储蓄下降是初期的主要原因，2000 年以后，公共储蓄率下降（表现为财政赤字的增长）成为主导因素。同期，发达经济体的投资率同样处于下降趋势，只是其平均下降幅度略低于其储蓄率的下降幅度。

在新兴经济体与发展中国家一方[1]，自1970 年以来，其储蓄率和投资率在趋势上都是上升的，但是其间波动甚大。第一次波动发生在 20 世纪 80 年代中后期。拉美国家的债务危机以及苏东国家发生巨变并实施经济转型是下滑的主因。第二次波动发生在 20 世纪 90 年代末期。东南亚诸国主导了此次下滑，因为那里发生了金融危机。

从储蓄缺口的动态来看，1998 年之前，新兴经济体与发展中国家基本上处于储蓄缺口状态，与之对应的则是长期的贸易逆差和资本的流入，这意味着，此间，这些经济体通过长期"进口"发达经济体的储蓄来促进自身经济的发展，而且确实获得了较大的成就。这种状态，比较符合发展经济学的经典理论。然而，1998 年以后，缺口发生了逆转，新兴经济体与发展中国家出现了投资缺口（储蓄过剩），致使大量的储蓄流向了发达经济体，于是，就形成了发达经济体成为债务人，新兴经济体和发展中国家成为债权人的不合常理的怪现象；这种不合常理现象持续恶化，构成全球金融经济危机的导火索。

问题还有复杂之处。在上述经常项目失衡的背景下，国际资本配置进一步会受到优质储备资产不足的困扰（参见 Farhi 等，2011）。特

---

[1]　1980～2010 年为"新兴经济体和发展中国家"数据。因此与之前的"新兴经济体与石油输出国"的数据对接上有不一致的地方。"新兴经济体和发展中国家"涵盖的范围要大于后者，因此在数据上有一个跃迁。

别是经历了多年贸易盈余而积累了巨量对外财富的新兴市场经济体，由于美元和美国金融市场的强势地位以及自身的金融体系发育不足等问题，不得不选择美元定值资产作为最主要的投资保值形式，其中尤以投资于美国国家信用担保的国债为主，从而在很大程度上将自身的资产安全系于美元定值的资产之上。事实上，这一状况在1997~1998年亚洲金融危机后便已十分明显：深受危机之害的亚洲国家纷纷加大以美元为主体的外汇储备，以便应对国际资本流动带来的风险（见Bernanke，2005）。而在2008年以来，尽管美国经济陷入严重危机，美国国债的"避风港"作用却进一步彰显——在金融动荡时，各国因其良好的流动性、安全性和巨大的市场容量，对美国政府债务仍然趋之若鹜。甚至在2011年，美国政府债券投资级别下降后，其收益率依然继续下跌（这表明仍有大量买家在持续购入美债）。事实上，如Farhi等（2011）的研究显示，从2006年至2007年第二季度，外国对美国国债的购入量仅净增21亿美元，而在2008年三、四季度间（同年9月雷曼兄弟银行倒闭），净增额迅速飙升至2730亿美元。再以中国为例，2000~2008年，中国外汇储备余额从1656亿美元一路攀升至19460亿美元，年均增幅达28%。值得指出的是，至少从理论上看，如此的"逆流而上"式的资本流动模式——即发展中国家向发达国家提供融资——将有碍于资本实现更高的边际产出，进而损害资本的配置效率。有鉴于此，学界也重新兴起了对美国著名经济学家、诺贝尔经济学奖得主卢卡斯提出的所谓"卢卡斯悖论"① 的热议。

---

① 即Lucas Paradox：指从理论上讲，资本应当流向边际产出较高的地方。而由于资本边际产出同资本存量呈反比，所以资本应从富国流向穷国。但在实践中，往往出现相反的情形，即资本由穷国流向富国，由此形成了理论与实践之间的悖论（Lucas，1990）。

综合以上可见，在"大稳定"的 20 余年里，在经济繁荣的光环下，美国持续积累了大量经常项目逆差，并相应地积累了大量的对外负债。这些负债因以美元定值债券的形式存在，最终又都经由债权人投资的方式和渠道，从世界各地回流美国。这就构成了旧常态下国际资本配置的基本格局，也是此一时期各国国际收支经常项目和投资失衡的最主要表现。形成这种严重失衡状况的主要原因在于美国，在于以美元为主导的单极国际货币体系以及美国金融市场的强势地位。在确认这一主导原因的前提下，进一步的原因则还可从广大新兴经济体一方寻找。客观地说，正是由于以中国为主的广大新兴经济体的迅速崛起并迅速提高了国内储蓄率，导致全球出现"储蓄过剩"（Saving Glut；Bernanke，2005），才使得美元和美国金融市场的强势地位得到支撑，甚至不断强固。

总之，国际社会对"大稳定"下的国际收支与资本流动失衡所带来的诸多危害有着高度认同，进而，在很大程度上，大稳定的终结正可归咎于这种失衡。对美国而言，由于大量投资的涌入，美国在较长时期内市场利率偏低。同时，20 世纪 80 年代以来，美国等发达经济体普遍经历了金融业的大繁荣。一时间，各种名目的金融创新、衍生品和影子银行蔚然成风，而相应的监管又在自由主义的氛围下严重缺失。在这一背景下，先是股票，而后房地产等资产价格不断高涨，并在形成严重的资产泡沫后相继破裂。表面上优质的资产和较高的预期收益，也使私人部门在"理性的轻率"下乐于承担风险，并大幅提高债务规模（沃尔夫，2014）。例如，以债务杠杆率——即债务占 GDP 比率衡量，"大稳定"以来，美国居民（包括非营利组织）和金融机构等部门杠杆率大幅攀升。如图 1.2 所示，1989～2007 年，上述两部门杠杆率分别由 58% 和 42% 攀升至 96% 和 112%。杠杆率的骤升，反映了金融风险的不断积累。这成为千年之交的 IT 泡沫和更为严重的 2007 年的次贷危机及 2008 年的国际金融海啸的重要诱因（见 Bernanke，2005）。也许更为棘手的是，债务高企也预示着，在危机之后，政府的各种救助措施，特别是流动性注入等量化宽松政策，往往会由于私人部门在一段时期内急于修复其资产负债表（主要指去杠杆化或债务最小化）而失效。事实上，这一趋势已在图 1.2 中得到反映：2008 年后，居民部门和金融机构的债务杠杆率双双回落，至 2013 年分别降为 78.4% 和 83.0%。同时，非金融企业的杠杆率也有所降低。这在一定程度上解释了后危机时代美国消费、投资意愿偏弱，以致经济复苏乏力的窘境①。

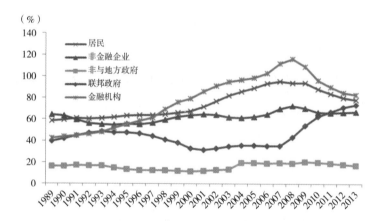

图1.2 美国国民经济各部门杠杆周期（债务/GDP）

注：①债务数据来自美联储 "Financial Accounts of the United States" 中的 "Credit Market Debt Outstandingby Sector" 一项。

②GDP 数据来自世界银行 World Development Indicators 2014 数据库。

③"居民" 还包括非营利组织，即 "nonprofit organizations"。

---

① 值得注意的是，从图 1.2 中还可以看出，美国联邦政府的杠杆率变化趋势同私人部门迥异：在危机前基本平稳，但在其后开始大幅且持续上升，即由 2007 年的 35.4% 一路升至 2013 年的上升 73.5%。这主要反映了由于危机以来美国联邦政府推行各种纾困措施和扩张政策，债务压力由私人部门向政府部门转移。

特别需要强调的是，对于中国等顺差国而言，上述失衡也绝非有益无害。从短期看，对发达国家金融体系和贸易逆差的高度依赖，使得顺差国也无法自外于本轮危机，甚至可能受累更重（参见 Aizenman 等，2010）。从长期看，失衡的国际经济金融格局严重扭曲了顺差国国内的需求结构，使得经济增长过于倚重外需，国内市场的发展反而滞后，市场分割和垄断盛行，私人消费也受到极大压抑。同时，在供给侧，持续积累的对外财富使得中国等顺差国满足于现有的国际分工格局，满足于发展产业链低端、低附加值、高资源消耗和高污染的产业，乐于发挥成本优势而殆于技术创新和市场开拓。这在很大程度上延缓了国内的要素结构优化和产业升级，也拖后了金融部门自身的改革与发展①。而在此背景下，相继步入中等收入发展阶段的中国等新兴经济体又遇到了人口结构变迁、劳动力成本上升、资源环境约束强化、国际政治经济格局改变等复杂问题的叠加。作为结果，当"大稳定"在美国等发达经济体渐行渐远之时，包括中国在内的新兴经济体在经历了较长的繁荣期后，经济增速也开始趋势性放缓了。

一言以蔽之，2007 年开始的全球金融危机以罕有的激烈方式宣告了以"大稳定"为主要特征的旧常态的终结。业已失衡的全球经济金融以及政治格局开始进入一个通向新常态的深度调整与再平衡时期。世界和中国，概莫能外。

---

① 例如，中国对美国的贸易顺差，在很大程度上源自两国间的加工贸易。例如苹果手机等产品，实际上在中国创造的增加值极小——劳动力成本仅占总成本的7%左右，而大部分增加值在美国产生。

四、长周期视角下的旧常态

如果从长周期的视角来看，旧常态的辉煌恰恰是由于处在全球经济长周期的上行阶段，而旧常态的转折则预示着全球经济转向下行阶段的开始。

周期波动研究一直是宏观经济学的主题。但对于长周期（也称长波）的探讨，并没有成为主流。这和一段时期以来周期与增长研究的割裂有关。从狭义角度，周期关注的是短期波动，增长关注的是长期趋势。二者的割裂，也造成短期研究与长期研究的分野。但随着内生增长理论兴起，以增长为主线、将增长与周期的互动放在一个统一的框架中加以研究，以及实际经济周期学派强调"周期就是趋势"（Cycle is the trend）的名言，使得我们可以从一个更长的时段来看待周期问题。

真正关注长周期研究的是经济史学。法国年鉴学派的代表人物布罗代尔（1979）认为，资本主义从 13 世纪到 20 世纪经历了四个长周期，存在着长达百年的"结构周期"，而对长周期结构产生影响的因素包括自然环境、地理环境以及社会心态等。

在经济长周期研究中，最具影响力的是所谓康德拉季耶夫（Kondratieff）周期。这是由前苏联的经济学家尼古拉·康德拉季耶夫提出的。他利用主要发达国家的时间序列数据进行实证研究，提出资本主义发展进程中存在着长度为 50 年左右的周期性波动，并认为固定资本的更新是长周期产生的原因（Kondratieff，1935）。罗斯托（Rostow，1978）提出了相对价格长波论。他认为，初级产品与工业品的相对价格高低是影响世界经济长期波动的杠杆。形成长期波动的基本原因是由于粮食和原料等初级产品的相对丰裕和匮乏。曼德尔（Mandel，1980）运用马克思主义理论研究经济长波，强调平均利润率的变动在长周期中的作用，提出了利润率变动长波论。Goldstein（1988）对长周期理论进行了总结，从周期动因角度将长周期理论划分为四大流派：即战争学派、资本主义危机学派、创新学派和资本投资学派，并运用大量的统计数据对长周期进行了验证。现在居于主流的是以熊彼特、门斯（Mensch，1975）和范·杜因（Van Duijn，1983）等为代表的、从技术创新角度来阐释经济长波的理论。

　　熊彼特强调技术创新与产业结构转换在长波中的作用。他提出技术创新是长波的源泉，这里的技术创新活动是指以产业革命为代表的重大基本创新活动①。熊彼特认为，长度为50年左右的长波周期源于那些影响巨大、实现时间长的创新活动，即以产业革命为代表的技术创新活动，如铁路的兴建、蒸汽机的广泛应用以及电气化和化学工业的兴起等。熊彼特把产业革命看作是大的技术创新活动的浪潮，认为每一个长周期都包括一次产业革命及其消化和吸收过程。熊彼特从一开始就坚信经济学的中心问题并非均衡而是结构性变化。他宣称：只有当经济吸收了变化的结果，永远改变了它的结构时，经济才能发展。熊彼特是第一个明确用技术创新来解释长波起因的经济学家，他所提出的创新理论为后来经济学家们对世界经济长波的研究提供了思路和方向。

---

　　① 熊彼特将创新称为"新组合"（new combination），门斯将其称为"基本创新"（basic innovation），Mokyr 将其称为"宏观发明"（macroinvention），Helpman 和 Trajtenberg（1994）以及 Aghion 和 Howitt（1998）等将其称为"基础创新技术"（general purpose technology，GPT）。

荷兰经济学家范·杜因在熊彼特技术创新长波论的基础上，批判吸收了门斯长波理论的合理成分，提出了创新生命周期理论，并以此为基础构建了自己的长波理论。范·杜因认为，任何一项基本创新活动都需要经历引进、增长、成熟、下降四个阶段，同时，他又将长波划分为：繁荣、衰退、萧条和复苏四个阶段（其中繁荣和衰退一起构成长波的上升阶段，萧条和复苏则构成了长波的下降阶段）。由此将经济长波的四个阶段和基本技术创新生命周期的四个阶段联系起来，经济长波的繁荣、衰退、萧条和复苏分别对应于创新生命周期中的增长、成熟、下降和引进阶段。在创新生命周期的引进阶段，存在许多新产品的创新，形成了新的产业，投资增加，从而使长波进入上升阶段。当创新生命周期达到增长阶段后，随着对新产品需求的扩大，新兴产业利润提高，投资迅速扩张，整个经济高速增长，经济长波也达到繁荣阶段。当创新生命周期进入成熟阶段后，出现了产品和生产能力的过剩，投资趋于饱和，因而长波也开始进入衰退阶段。当创新生命周期进入下降阶段后，投资进一步萎缩，需求停滞，产品和生产能力过剩严重，出现大量失业，长波也发展到了危机和萧条阶段。当新的技术创新再次出现，新的创新生命周期再次展开时，更新投资增加，新产品的需求开始增加，从而使长波又开始进入上升阶段……如此周而复始。经济生活中长达半个世纪左右的长波循环主要是由创新生命周期所决定的。每个国家在引进基础技术创新后即加入到长波之后都会经历这样的过程（任希丽，2013）。

下面我们就将从基础技术创新的角度，审视18世纪末以来世界经济增长的长周期动态。

第一次世界经济长周期的上升期出现在1795～1825年。在这次上升期中，发端于英国以蒸汽机为代表的基础技术创新以及纺织技术的发展，是其显著标志。虽然蒸汽机在这一阶段已经出现和使用，但是由于技术发明完全转化为生产力的滞后特性，这个阶段技术——经济范式的主流产业技术还是以铁器、纺织机械和水力为主的机械技术。生产中的核心投入是原棉、铸铁和煤炭。这期间，西方社会曾经历了运河狂热以及英国的大跃进。

第二次世界经济长周期的上升期出现在 1850～1873 年，这主要归功于钢铁和铁路方面的革新。英国凭借蒸汽机技术的广泛使用率先进入第二个长波，这一阶段生产中的核心投入为煤炭和铁。此次周期经历了铁路狂潮以及维多利亚时代的繁荣，但区域范围还主要局限在英国。

第三次世界经济长周期的上升期出现在 1890～1913 年。电气、汽车制造等技术的创新，不仅使电气、汽车和化学工业快速发展，而且也推动了工业化国家产业的升级，并最终把汽车工业培育成当时的主要产业。生产中的核心和主要投入包括钢铁、铜以及金属合金等。这些技术创新在英国、美国、德国同时推进，创新的地域范围不断扩大，出现了欧洲的所谓"美好时代"（Belle Epoque），以及美国的"狂飙突进年代"（Progressive Era）。值得指出的是，此后，欧美发达经济体经历了第一次世界大战、大萧条和第二次世界大战。这些破坏性冲击固然终结了第三次长周期的上升势头，但也有"清洁场地"的功能，从而为第四次长周期积蓄了力量。

第四次世界经济长周期的上升期发生在 1945～1973 年。这一时期的科技创新来源于更多的领域，包括电子计算机、生物、航天和新材料等领域的创新和应用，促进产业结构更加优化。这一上升期对应着发达经济体第二次世界大战战后增长的黄金时代。从 20 世纪 50 年代到 70 年代，全球经济增速达到 5%。这是长周期中的上升期。后来出现了石油危机与滞胀，这可以算是一个下降期。

第五次世界经济长周期的上升期发生在 1980—2007 年。这正是前面所提到的全球化繁荣期，或者更学术一点，是所谓的"大稳定"时期。支撑"大稳定"的因素有很多（比如有人特别强调政策因素），其中一个极其重要的实体经济因素就是科技。这个时期，以信息技术等高科技产业和高端生产性服务业为核心的"新经济"（The New Economy）成为世界经济发展的主导，开启了持续近30年的经济繁荣周期，也构成康德拉季耶夫周期的上升阶段。对此，罗斯托（1984）在三十年前很有预见性地指出：有两股极其强大的力量在对世界经济发生作用和施加影响。在制订 20 世纪 80 年代和 90 年代的经济政策时必须认识到这一点。并应以此为轴心建立起共同的战略。这两股力量①又被称之为"康德拉季耶夫长波第五个周期的上升"和"第四次产业革命"②。

20 世纪 70 年代，随着计算机的广泛使用，信息技术行业得到蓬勃发展。计算机技术的发展大体上经历了四个最主要的阶段，第一是大型机阶段，第二是小型机阶段，第三是微型机阶段，第四是互联网阶段。几十年来，计算机经过不断的更新换代，其计算和存储能力日益强大，极大促进了整个社会的技术进步。目前信息技术已经延伸到社会的各个阶层，改变着人们的生活方式、企业的生产经营模式，产业的组织和发展方式，信息技术正以空前的速度向前发展。同时，以信息技术为主导，加上新材料、新能源、生物医药等领域的技术创

---

① 所强调的两股力量，实际上可以合为一股（如果以科技作为推动长周期的最根本因素的话。罗斯托强调两股，是因为他把影响长周期的因素归结为初级产品相对价格的变化）。

② 关于产业革命的划分有很多不同的观点。这和作者所处的时代有关系。

新，共同构成第五次长波上升期的主要驱动因素。

　　本来，2000 年的美国互联网泡沫的破灭，有可能终结这个上升周期。幸运的是，IT 泡沫破灭的影响并没有想象的那么大，特别是，自 20 世纪末期以来，以中国为代表的广大新兴经济体全面卷入全球经济发展浪潮，使得经济周期得以推后。但是，该来的一定还是会来，2007 年，以美国次贷危机爆发为起点，全球经济开始进入下行通道。从长周期角度，可以认为 2007 年之后，世界经济进入到第五次世界经济长周期的下行阶段。而这也成为新旧常态的转折点，全球经济开始步入新常态。

第二篇

全球新常态

2007 年美国次贷危机以来，全球经济呈现出一些新特点。这些特点起初被认为是反常现象，但随着时间的推移，人们发现，这种反常并没有如期消失。于是，"反常"变成了"正常"，新常态被无可奈何地接受下来。

全球新常态有种种表现，概括起来，主要有五大特征，即：经济增长低水平波动；各国经济恢复陷入"去杠杆"和"修复资产负债表"两难境地；贸易保护主义盛行；主要国家的政策周期非同步；全球治理体系支离破碎，出现真空。

全球新常态的五大特征，可用"长期停滞"加以概括，其他种种，都不过与之相关或由之衍生而来。引致全球（主要是发达经济体）长期停滞的原因：一是供给端的因素，包括技术进步缓慢、人口结构和劳动力市场恶化、真实利率水平下移并处于负值水平；二是需求端的原因，指的是实际增长在较长时期内低于其长期潜在趋势（即产出缺口较大），以及出现所谓"资产负债表衰退效应"；三是宏观政策的责任，即在政策利率接近于零甚至为负的情况下，仍然过度依赖需求政策，造成洪水滔天；四是收入分配持续恶化，进一步抑制了发达经济体的增长潜力与社会活力。

第二章　全球新常态

2007 年肇始于美国的国际金融危机，极大地改变了全球经济格局。无论是全球经济的运行与结构，还是其监管与治理，都和危机前大不相同。于是，在 2010 年之后，一个用以刻画危机以来全球经济新变化、新特点的名词——"新常态"（new normal）开始频繁见诸报端，并得到美国及日益增多的发达经济体决策者的认可。

本章首先概括地回顾新常态概念在国际范围内被提出、认可和传播的过程，然后讨论全球新常态的主要特征。我们认为：经济增长低水平波动、各国经济恢复陷入"去杠杆"和"修复资产负债表"两难境地、贸易保护主义盛行、主要国家的政策周期非同步、全球出现治理真空，是全球新常态的五个主要特征。

一、国际视角的新常态概念

新常态概念是与本世纪以来的经济和金融危机相伴而生的。危机以来全球经济呈现出的一些新特点，起初被人们认为是一种反常（abnormal）现象，因此，很多人认为，这种反常现象很快会过去。但是，危机的演化无情地撕破了人们的良好愿景。正如太平洋投资管理公司（PIMCO）CEO 所说，"开始以为只是皮肉之伤，但后来发现，是伤筋动骨"。也就是说，全球危机的根源深植于各国以及全球经济的结构层面，因而必将持续较长一段时间。如此，"反常"也就变成了"正常"，新常态由此被确认。

根据 Pash（2011）的观察，早在 2002 年，新常态一词就曾在西方媒体中出现，其经济含义主要是指无就业增长的经济复苏。在全球金融危机爆发之后，新常态旋即转变为刻画后危机时代全球经济新特征的专用名词。

2009 年，已有一些媒体和知名学者开始在危机之后的长期深度调整的意义上使用新常态概念。例如，2010 年，太平洋投资管理公司（PIMCO）CEO 默罕默德·伊尔艾朗就在一份题为《驾驭工业化国家的新常态》的报告中正式在后危机时代之深度调整的意义上提出了新常态概念（El-Erian，2010），随后，这一概念迅速传播开来，成为诠释危机后世界经济的流行词汇。

Clarida（2010）用"新常态"来描述发达经济体（高收入国家或工业化国家）的经济表现，并将其特征进一步归纳为"低增长、高失业以及投资的低回报"。林毅夫（2012）的观点与之类似，认为全球经济新常态是指经济增长率很低、风险很大、失业率很高的经济状态。他进一步指出，新常态会带来货币政策宽松、政府债台高筑、股票市场剧烈波动、短期资金大量进出发展中国家等一系列连锁反应。宋雷磊（2012）认为，后危机时代的新常态是与"大稳定"截然相反的一种结构调整频繁、经济增长率较低、周期性波动较大的状态。李扬（2013）发现，由于大剂量的调控政策被强力推出，现阶段的危机并不表现为负增长，而是体现为经济增长在低水平上波动、全球流动性过剩、大宗产品价格和资产价格变动不居、贸易保护主义升温、地缘政治紧张等，这些都是全球新常态的具体表现形式。在提出新常态概念之后，伊尔艾朗本人（El-Erian，2014）又对新常态做了进一步阐释。他指出，新常态主要是指西方发达经济体在危机过后将陷入长期疲弱、失业率高企的泥沼的状况。造成这一状况的直接原因是超高的杠杆比率、过度负债、不负责任地承担高风险和信贷扩张等因素，发达经济体要消化这些负面冲击需要较长时期，而且，决策当局因循旧制的经济政策，也会使得此一新常态长期化。

新常态是在与旧常态作对比中产生的。与 Clarida（2010）所说的"低增长、高失业以及投资的低回报"的新常态截然不同，自 20 世纪 80 年代始直至本轮危机之前全球经济的"大稳定"时代，可以视为全球经济（主要指发达经济体）的"旧常态"。

2007 年由美国次贷危机引发的全球金融和经济危机，终结了长达 20 余年的"大稳定"时期。如果我们把危机理解为"经济运行脱离常轨"，则危机的恢复便可能有两条路径，一是回归旧轨道，二是另辟蹊径。回归旧轨道是多数危机的出路；正是从脱离常轨到回归旧轨的周而复始，经济运行形成了其周期性。另辟蹊径则不然，它不仅使经济的运行脱离开旧轨道，摆脱了周期循环的惯性，而且开始探寻新路——人类社会发展的历史轨迹由此发生质的变化。此次危机历经七年多的痛苦挣扎和深度调整但依然未见明显改观的事实昭告我们：如同 20 世纪 30 年代危机和 70 年代危机一样，此次危机将是又一次改变全球经济发展轨迹的大变局。应对这一变局，依靠"标准"的（哪怕是"超常规"的）刺激政策，断难奏效；努力修补那些在危机中受到破坏性冲击的体制机制，使之"恢复功能"，似乎也难以回天。这意味着，我们必须重新探寻全球经济增长的实体基础，并且重构与之对应的全球治理机制。

显然，我们目前面临的历史任务，与通常危机周期中的衰退与复苏阶段所面临的任务，存在明显区别。正因如此，我们将这样一个从危机开始，以探索全球经济发展新路径为主要内容的恢复过程，概括为全球经济的新常态。

二、经济增长低水平波动

同旧常态相对，新常态的一大突出的外部特征就是经济增长呈长期低水平波动。全球经济增长的速度明显低于危机前。表2.1 给出了全球在1999～2013 年的经济增长数据，不难看到：危机前（1999～2007 年），整个世界的经济增长速度年平均为3.89%，危机后（2008～2013 年）为2.8%，下降了约1.1 个百分点。同时，这场源于美国和欧洲的经济危机使得发达经济体经济增速下滑更加严重，经济平均增速由危机前的2.63% 下降到0.51%。

表 2.1　世界经济增长速度

GDP 增速	世界	发达经济体	美国	欧元区	发展中国家	发展中亚洲	发展中欧洲	中东、北非、阿富汗和巴基斯坦	南撒哈拉非洲	西半球
1999	3.47	3.56	4.69	2.94	3.32	6.12	1.85	2.12	1.46	0.65
2000	4.54	3.92	4.09	3.83	5.60	6.60	8.16	4.83	4.77	2.78
2001	2.20	1.37	0.98	2.02	3.63	5.92	3.39	2.90	2.90	0.61
2002	2.50	1.46	1.79	0.95	4.29	6.80	4.76	3.88	4.04	0.22
2003	3.49	2.06	2.81	0.76	5.96	8.74	5.69	6.36	3.54	2.02
2004	5.06	3.11	3.79	2.23	7.89	8.66	7.59	8.93	6.45	6.22
2005	3.88	2.72	3.35	1.74	5.53	9.14	5.94	−6.13	6.14	4.50

GDP 增速	世界	发达经济体	美国	欧元区	发展中国家	发展中亚洲	发展中欧洲	中东、北非、阿富汗和巴基斯坦	南撒哈拉非洲	西半球
2006	5.01	2.91	2.67	3.27	8.07	10.30	6.78	6.81	5.87	5.64
2007	4.90	2.53	1.78	3.01	8.36	11.10	6.61	6.40	6.01	5.70
2008	2.36	− 0.04	− 0.29	0.38	5.86	8.08	3.81	4.43	5.14	3.96
2009	− 0.40	− 3.60	− 2.78	− 4.46	3.23	7.79	− 5.77	3.86	1.10	− 1.20
2010	5.01	2.77	2.53	1.98	7.51	9.65	4.30	5.45	4.80	6.07
2011	3.70	1.47	1.60	1.61	6.28	7.78	4.71	4.80	4.17	4.53
2012	3.15	1.17	2.32	− 0.64	5.47	6.67	2.28	11.74	3.81	2.91
2013	2.99	1.31	2.22	− 0.42	5.15	6.56	1.82	…	3.15	2.75
危机前平均	3.89	2.63	2.88	2.30	5.85	8.15	5.64	4.01	4.57	3.15
危机后平均	2.80	0.51	0.93	− 0.26	5.59	7.75	1.86	6.06	3.70	3.17
危机前方差	1.15	0.77	1.48	1.10	3.67	3.53	4.09	18.94	2.95	5.83
危机后方差	3.25	4.86	4.37	5.35	2.00	1.27	15.25	10.43	2.11	6.03

注：本表中，欧洲用欧元区代表的原因是欧洲主权债务危机主要发生在欧元区国家。

资料来源：IMF, *International Financial Statistics*；World Bank。

　　除了总体经济增长速度下降，新常态的另一表现是 GDP 增长的波动也明显加大。表 2.1 也给出了危机前后世界经济增长速度的方差，其中，全世界增速的方差在危机前为 1.15，危机后扩大到 3.25。同样，与 GDP 增速的表现类似，经济周期波动加大主要发生在发达经济体内，其经济增长速度方差由危机前的 0.77 扩大到 4.86。而发展中国家经济增长速度的方差在危机后反而有所变小，从危机前的 3.67 下降到 2。当然，发展中国家的增长并不均匀，例如，发展中欧洲经济增长速度的方差在危机后有明显扩大。

　　经济增速下滑，一方面固然可以看作是危机带来的冲击，另一方

面则归因于世界主要经济体潜在增速的放缓。以美国为例，根据国会预算办公室（CBO）的估算，2014 年的美国 GDP 水平较之 2007 年时做出的预测值低近出 10 个百分点。其中，潜在增长率下降和产出缺口分别贡献了 5 个百分点（见图 2.1）。这表明，美国经济增长的放缓是周期性因素和增长潜力趋势性下滑共同作用的结果。

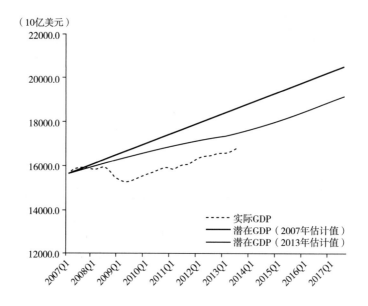

图 2.1　美国实际和潜在 GDP（2013 年值）

资料来源：美国国会预算办公室（CBO），转引自 Summers（2014）。

　　放眼全球，其他发达经济体也程度不同地遇到了类似问题，例如，在欧元区和日本，在 2007 年全球危机之前，其经济就已经呈现增速长期放缓的疲态。显然，全球发达经济体先后陷入经济增长速度下滑的泥沼且呈长期化，简单用周期及政策性因素是难以解释的。关于全球经济增长长期下滑的原因，本书在后文中将进一步探讨。

三、"去杠杆"和"修复资产负债表"两难

此次危机作为金融危机，根本上是由各类经济主体负债率过高引发的。

负债率问题，近年来在"杠杆率"的概念下得到了更充分、更深入的讨论。人们认识到，正是由"大稳定"孕育的极度乐观情绪，使得居民、企业乃至政府都大规模举债，以"加杠杆"的方式来提升其即期消费、生产和投资能力，从而最大限度地增加现世的享受；层出不穷的金融创新，更使得加杠杆轻而易举。然而，正是杠杆率的全面、迅速提高，使得发生在住房金融领域中一个产品的问题（次贷），轻易地蔓延到整个金融体系，进而传染到整个经济系统，终至迅速传遍全球，演变成全球危机。

病因既然在杠杆率飙升，危机的恢复，显然就以"去杠杆"为必要条件。然而，去杠杆至少需要解决两个问题：其一，从根本上去杠杆，需要积累大量储蓄，这就首先需要提高储蓄率。但是，储蓄率作为国民经济及其他很复杂的居民和企业的行为方式的函数，其变化自属不易。其二，去杠杆作为经济恢复的主要路径，将全面引发"修复资产负债表"过程。在这个过程中，各经济主体获得新增资金后，其优先选择不是从事消费、生产和投资等宏观调控当局希望产生的"正常"经济活动，而是将之用于充实资本，减少债务，"修复"资产负债表。换言之，去杠杆过程致使多数企业在一个相当长时期内转变了经营目标——从"利润最大化"转向"负债最小化"，即，企业倾向于将其能够利用和得到的所有现金流都用于偿还债务，不遗余力地致力于资产负债表的正常化，以求自保。倘若很多企业都奉行这种"负

债最小化"对策，整个社会就会形成一种不事生产和投资、专事还债的"合成谬误"，这就是危机以来被研究界高度关注的"资产负债表衰退"，全社会的信用紧缩局面就此形成。这种状况对货币政策而言，其负面影响更为致命：由于微观主体在相当长时期内致力于去杠杆和修复资产负债表，于是，货币当局向经济体系注入资金，在一段时期内反而会产生消费停滞、投资不振以及信用市场萎缩的效果，危机的恢复过程也因此延缓。这就是去杠杆和修复资产负债表悖论：危机的恢复取决于去杠杆的成功，但去杠杆过程不可避免会引发经济收缩，进一步则会阻滞危机的恢复进程。

不仅如此。与以往任何一次危机不同，此次危机中，为了缓解危机的冲击，货币当局在救市的旗号下，自身便经历了一次大规模的"加杠杆"过程，其中又以美国、欧元区和日本表现最为明显①。美国和欧洲使尽浑身解数，采用各种政策措施，试图力挽狂澜。其一，极力压低基准利率水平。美联储从 2007 年 9 月开始至 2008 年 4 月，逐步将联邦基金利率的目标值从 5.25% 降到 2%，而贴现率从 5.75%降至 2.25%。在危机进一步恶化之后，2008 年 12 月后，美联储更进一步降低联邦基金利率目标值至 0~0.25% 区间，接近 0 利率的超低水平。如果再计入通货膨胀率，则真实利率已为负值。其二，实施大规模"量化宽松"货币政策，向市场投放货币。为了纾缓市场上的资金紧张局面，各国中央银行不得不祭起"超常规"救市措施，通过各种渠道来增加货币供应。这不仅包括在公开市场购买各类债券等"常规性"操作，还包括向银行等存款类银行机构提供央行贷款、直至直接从银行手中购买资产等"非常规"操作。这些举措都会产生降低市

---

① 日本在 2012 年底安倍政府执政以来，也积极推行宽松的货币政策，并设置了 2% 的较高通胀目标。

场利率的效果，从而降低银行的资金成本以及银行投资于同业市场的回报，提高银行的资金充足程度，使得银行更愿意提供贷款。美国自2008年来执行了多轮量化宽松政策，俗称为QE1～QE3，其中，2012年9月开始的量化宽松政策因没有限定总购买规模和截止期限，又被戏称为QE无限（QE-Infinity）。其三，对银行及关键企业实行救助和纾困。如，2008年3月，摩根大通在财政部和美联储安排下以12亿美元收购贝尔斯登，条件是美联储给予贝尔斯登290美元的无追索权债务贷款。美国两大住房信贷和资产证券化机构房利美（Fannie Mae）和房地美（Freddie Mac）均于2008年9月由联邦政府接管，其实质是用纳税人的资金，通过"国有化"的途径来维持其生存。美国国际集团（AIG）在2008年9月从美联储获得850亿美元紧急贷款，作为交换，政府获得AIG股权的79.9%，这等于将AIG国有化。除了金融业，政府资金救助的对象还包括汽车业等作为国民经济支柱的非金融公司。这在美国历史上是异乎寻常的。采取如此非常规举措，目的是防止这些具有巨大关联效应的关键企业破产，以致产生多米诺骨牌式的连锁反应。其四，吸收购买各类"有毒资产"。在公开市场购买金融资产，是美国当局最初实施宽松货币政策的主要路径。但是，从表面上看，美联储的操作仍然在"公开市场"上进行，但其购买对象则大异其趣。危机以来美联储在公开市场上买卖的并非国债或各类"准政府"债务，而主要是各类私人机构之债务，更有甚者，美联储购买的并非优良债务，而是质量欠佳甚至存在严重信用风险的"有毒资产"，主要是私人企业和部门遗留的不良资产，特别是抵押贷款支持证券（MBS）、抵押债务债券（CDO）等与住房和商业房地产抵押贷款资产有关的金融衍生品。但是，从这些货币政策操作的反危机效果来看，将有毒资产从市场上转移到政府手中，有利于增强市场投资者的信心，提高相关资产市场的流动性。其五，对房地产市场实施定向调控。本轮美国的金融危机肇始于房地产市场泡沫破灭导致的相关衍生品市场的崩溃。为了避免情况进一步恶化，美国通过布什总统时的《经济稳定紧急法案》(*Emergency Economic Stabilization Act*)、《住房暨经济恢复法案》(*The Housing and Economic Recovery Act*)，以及奥巴马总统时的《业主负担力暨经济稳定计划》(*Homeowners Affordability and Stability Plan*) 等，对住房市场、特别是对广大业主进行定向支持。相关措施包括降低利率和贷款本金、延长抵押贷款偿还年限、将可变利率贷款转换为固定利率、帮助业主避免自己的房屋被法院拍卖；对贷款机构提供资金支持，为抵押贷款提供担保等，目的是恢复投资者对抵押贷款市场的信心。

尽管不同国家操作工具、政策力度各异，但这些举措都大体遵循了经典的宏观调控政策思路，对抵御流动性风险、恢复市场信心起到了积极作用。然而，作为一剂猛药，宽松的货币政策所带来的副作用，即流动性泛滥也不容小觑。表 2.2 显示，世界平均而言，M2/GDP 在危机前呈缓慢上升态势，例如，2001 ~ 2006 年，5 年间只上升了 6.4 个百分点。但是，2007 年后，特别是 2007 ~ 2009 年，M2/GDP 上升速度大幅提高，2009 年世界平均 M2/GDP 比 2006 年提高了 18.27 个百分点。在主要发达经济体中，除德国外，美国、英国、法国、日本等国家和地区 M2/GDP 都有大幅提高。

表 2.2 世界主要经济体 M2/GDP 比率

（单位:%）

M2/GDP	世界平均	美国	欧元区	英国	法国	德国	日本
2001	102.47	71.03	124.47	109.29	104.04	169.13	200.79
2002	103.69	71.76	125.66	109.47	104.90	171.96	205.24

续表

M2/GDP	世界平均	美国	欧元区	英国	法国	德国	日本
2003	105.77	71.50	128.86	113.18	110.51	174.79	206.47
2004	106.09	70.88	133.37	117.69	114.28	177.39	205.75
2005	107.08	71.87	141.47	127.30	117.96	182.18	206.63
2006	108.84	74.05	147.61	137.41	123.50	182.29	204.02
2007	111.53	79.19	155.72	150.40	133.20	183.00	202.80
2008	116.09	84.27	162.66	173.04	140.22	188.11	209.07
2009	127.11	90.41	173.91	178.38	145.90	193.43	227.00
2010	122.93	84.79	173.72	176.97	150.19	184.19	226.07
2011	123.99	87.10	173.03	163.51	158.54	178.64	238.05
2012	125.06	87.44	171.93	162.49	157.81	173.31	241.94
2013	126.72	87.99	165.97	160.24	155.08	163.07	248.70

资料来源：World Bank。

不遗余力地推行量化宽松政策、前所未有地将利率长期压在零水平上、大规模推行所谓再融资计划等，使得各国央行的资产负债表倍增（参见李扬等，2013），并引致全世界全球的货币洪水泛滥。这样做的结果很显然，那就是全社会的杠杆率进一步提高。表2.3归纳了主要发达经济体债务结构和总杠杆率。

表2.3 中国与发达经济体债务结构和总杠杆率的比较（占 GDP 的比重）

（单位：%）

	居民债务占比	非金融企业债务占比	金融机构债务占比	政府债务占比	总债务占比
日本	67	99	120	226	512
英国	98	109	219	81	507
西班牙	82	134	76	71	363
法国	48	111	97	90	346

续表

	居民债务占比	非金融企业债务占比	金融机构债务占比	政府债务占比	总债务占比
意大利	45	82	76	111	314
韩国	81	107	93	33	314
美国	87	72	40	80	279
德国	60	49	87	83	279
澳大利亚	105	59	91	21	276
加拿大	91	53	63	69	276
中国	31	113	18	53	215

资料来源：转引自李扬等：《中国国家资产负债表 2013：理论、方法与风险评估》，中国社会科学出版社 2013 年版。

　　显然，为了救助危机而采取大规模量化宽松政策，其不可避免的效果就是增加货币当局的负债，提高其杠杆率。这种用加杠杆来对付高杠杆，用增加负债来对付负债率过高的政策行为，无疑于饮鸩止渴。鉴于高负债和高杠杆是此次危机的罪魁祸首，我们可以合理地认为：如果目前的救助政策不是在为下一轮危机提供温床，它们也会产生延缓危机恢复步调的恶果。这意味着，我们必须对量化宽松政策退出过程中可能对经济造成的负面影响保持高度警惕。从被救助对象角度看，在危机之中，债台高筑的私人部门往往将修复资产负债表置于一切行动的首位，为了生存，它们无例外地要尽力去减少负债（与这一过程相一致的，就是去杠杆），而对新的投资缺乏兴趣。如此，宽松货币政策的效用在相当程度上被抵消，致使货币当局很难实现增加社会信用供给、提振经济活动水平的初衷（辜朝明，2008）。

四、贸易保护主义加剧

　　经济衰退往往会催生贸易保护主义。在美国历史上，1929 年股市泡沫破灭后，贸易保护主义者们出台了《斯姆特—霍利法案》，疯狂地寻求自保，从价税的平均税率由 1921～1925 年的 25.9%，飙升至 1931～1935 年的 50%。这理所当然地导致其他国家以报复性关税来回应。总的结果可以想见：恶性贸易战加快了全球贸易的崩溃，使得全球经济迅速陷入僵局。例如，美国的进出口额的降幅均远超 GDP 同期的降幅：其进口额从 1929 年的 44 亿美元骤降 66% 至 1933 年的 15 亿美元，而出口额则从 54 亿美元骤降 61% 至 21 亿美元。许多历史学家、经济学家认为，实施《斯姆特—霍利法案》并因此招致别国的报复性关税，是促成"大萧条"的重要原因。我们在今天重提 20 世纪 30 年代那个令人心悸的事态，目的是提醒世界吸取教训，不能让历史重演。但是，说起来容易做起来难，在普遍经济放缓、失业率攀升的背景下，各国政府必然面对更大的国内压力，并以保护本国产业和就业为名或明或暗推行贸易保护政策。换言之，在金融危机引致经济放缓、失业率攀升的背景下，以保护本国产业和就业为名推行贸易保护，自然成为各国政府的第一选择。这种以邻为壑政策的危害几乎立即显现：在危机高潮的 2009 年，世界出口一度陡降 10.4%，其中发达经济体下降 11.7%，新兴市场和发展中国家下降 7.9%（见图 2.2）。这一惊人的下跌幅度创了近 30 多年来的纪录，也标志着经济全球化出现了某种程度上的退潮。标示全球化进程受阻的更重要证据，存在于全球贸易增长率和 GDP 增长率之间关系逆转的事实中。

正常情况下，在全球化经济中，由于各国根据比较利益参加国际分工并广泛展开贸易活动，全球贸易增长率一定高于同期全球 GDP 增长率。然而，2012 年全球 GDP 增长 3.4%，同期全球贸易增长 2.3%，20 余年来首次逆转；2013 年全球 GDP 增长 3.3%，同期全球贸易仅增长 2.5%，继续延续了异常的逆转格局；2014 年的预测数据，依然保持这种紧缩性格局。[1]

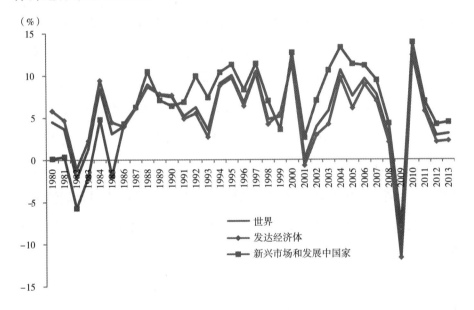

图 2.2 货物和服务出口量年增速

资料来源：IMF，World Economic Outlook Database，2014。

经济危机会影响普通民众对于国际贸易、全球化等经济现象的好坏判断。对人们的民意调查发现，在经济危机后，那些长期面临贸易逆差的国家和地区，特别是美国和欧洲，普通民众对国际贸易和全球化的支持程度都明显下降了，美国民众对全球化和国际贸易的支持率

---

① 国际货币基金组织（IMF）与联合国贸易与发展会议（UNATCD）数据库。

从 2002 年的近 80% 下降到危机后的 60%，不过在拉美和亚洲这种民意上的变动并不显著（Bussière 等，2011）。为了迎合公众的压力，政府会更加倾向于出台贸易保护主义的政策措施。[①]

关税变动也折射出此轮危机中各国的贸易保护主义倾向。虽然目前世界上大多数国家都已加入世界贸易组织（WTO）并遵循相关关税协定，但在经济危机的冲击下，许多国家仍然一定程度上谋求提高一些商品的关税来缓解本国国际贸易收支不平衡问题，保护国内某些产业。表 2.4 列示了历年欧盟和美国的关税税率。从表 2.4 可以看出，欧盟和美国的关税税率自 2001 年来基本一直保持平稳下降趋势，但在本次经济危机爆发后，税率却有明显提高。美国所有产品的加权关税税率在 2001 年和 2007 年分别为 1.84% 和 1.6%，同期制成品的加权关税税率则为 2.03% 和 1.71%；但在危机发生后，关税税率在 2008～2010 年有明显提升，其中，所有产品的加权关税税率在 2008 年和 2010 年达到 1.78% 的水平，制成品的加权关税税率在 2009 年则最高达到 2.04%。欧盟与之类似，其中制成品的加权关税税率在 2007 年末为 1.81%，到 2010 年则达到 2.34%。从数据看，制成品的加权关税税率在危机中提升更加明显。这种变化，显然与各国政府更加重视本国就业有关。

表 2.4　2001～2012 年欧盟和美国关税税率

年份	美国加权关税税率：所有产品	美国加权关税税率：制成品	欧盟加权关税税率：所有产品	欧盟加权关税税率：制成品
2001	1.84	2.03	3.02	2.65

---

① 然而，Bussière 等的分析显示，保护主义政策无法帮助这些国家修正经常账户的长期失衡现象，经济基础是决定国际贸易方向的根本因素，不会因保护主义政策而逆转。

续表

年份	美国加权关税税率：所有产品	美国加权关税税率：制成品	欧盟加权关税税率：所有产品	欧盟加权关税税率：制成品
2002	1.84	2.02	1.99	1.82
2003	1.79	2.02	2.03	1.78
2004	1.63	1.87	2.07	1.82
2005	1.58	1.86	1.84	1.79
2006	1.52	1.84	1.85	1.78
2007	1.60	1.71	1.81	1.81
2008	1.78	2.00	1.77	1.81
2009	1.62	2.04	1.51	1.75
2010	1.78	2.00	1.61	2.34
2011	1.58	1.74	1.09	1.64
2012	1.54	1.69	1.02	1.61

资料来源：World Bank。

应当说明的是，由于 WTO 等国际贸易架构和规则广泛设立，世界各国均不敢公然冒天下之大不韪直接实行贸易保护主义；最近几十年来，各国使用的主要贸易保护工具，已经由传统的关税壁垒向非关税壁垒转变，如更为隐蔽、更为复杂的环境、技术标准壁垒，同时结合了汇率武器、隐性补贴等多种工具。这些贸易壁垒一般是为了保护本国特定产业。这些特定产业可能与本国的国家战略安全有密切关系，如第二次世界大战前英国和法国使用的钟表均进口自瑞士和德国，战争爆发后英国人痛苦地发现，钟表工业的缺失对国防工业和军事战备造成了很大影响，因此在战争结束后一段时间内禁止国外钟表制品的进口。这些特定产业是从经济发展角度着眼的必须由国家出面予以保护的"幼稚产业"。以日本为例，该国 1951 年的实际关税税率仅为 1.6%，这令它必须设置非关税壁垒，方能保护其国内工业。1952 年 6 月，日本公布的《关于外国投资进入日本轿车市场的基本政策》即规定了针对进口轿车的限额和商业税税率等，这导致第二次世界大战后的近二十年间，美国的汽车制造商基本无法染指日本汽车市场，从而给了丰田、本田等汽车厂商发展壮大的机会。

此外，一般认为，那些发达国家由于经济更强大、技术水平更高、产业更发达，并且具有更多的跨国企业，因此发达国家的贸易会更加开放而发展中国家则更倾向于寻求贸易保护。但现实数据研究发现，这种观点在相当程度上是人们的想当然。全球贸易观察组织（Global Trade Alert）统计了 2008 年来世界各国采取的贸易保护主义政策措施的数量和种类，结果发现，世界上经济最为发达的美国和欧洲，却是贸易保护主义政策措施使用最密集的地区，而世界上大量经济不发达的国家和地区，如非洲、南美（排除巴西和阿根廷）、西亚、蒙古、东南亚等，贸易保护主义政策却相对很少。在全球贸易观察组织的数据库中，欠发达国家（LDCs）采取的贸易保护主义措施只有 109 项，其中被定为"严重"（用红色表示）[1] 的措施有 52 项，而欧盟 27 国采取的贸易保护主义措施有 689 项，且"严重"的政策有 518 项，美国则分别为 419 项和 215 项[2]。这幅与我们的直觉和想当然迥异的画面告诉我们，当今世界上，虽然贸易自由化的主要推动者是发达国家，虽然发达国家经常以贸易保护为由批评发展中国家并敦促他们开放本国市场，虽然发达国家始终占据贸易自由的道德高点并在指手画脚，但实际数据显示，发达国家的贸易保护主义措施一点都不比

---

① 全球贸易观察组织将贸易保护主义政策分为红、黄、绿三类，红色是最"严重"的级别，指政策已实施且必然损害到他国的商业利益。

② 资料来源：http://www.globaltradealert.org/site-statistics。

发展中国家少，甚至更多①。剑桥大学教授 Ha-Joon Chang（2003）更是直言不讳，他认为，基本上，所有发达国家今天的成功都是靠保护主义措施发展本国产业兴盛起来的，在英国、美国以及其他许多国家工业化过程中，大都采取过相对较高的关税和其他贸易保护主义政策。因此，发达国家在批评其他国家经济不开放的时候，或许应该先反思一下自己目前的政策，同时回顾一下自己的历史。

此外，除了如关税、配额等贸易保护主义手段，发达国家还更善于利用国际贸易的规则，通过发起贸易争端（例如反倾销调查）来对抗其他国家的贸易保护主义政策，从而为自己获取贸易优势。在WTO 数据库中记录在案的贸易纠纷中，中国作为发起国只有 14 件，而印度发起了 22 件，美国则发起了 115 件。中国作为贸易纠纷的被诉国则有 32 件。可见，美国在发起贸易纠纷案件方面十分活跃，而印度和中国发起的贸易纠纷案件则相对很少，特别是中国，发起的数量甚至明显少于印度，这与中国贸易大国的地位显然并不相称，显示了我国在利用国际贸易规则维护自身利益的意识和能力方面还十分欠缺。

五、政策周期非同步

不难理解，在高度全球化的背景下，由于商品和要素自由流动，各国的经济走势，包括经济增长、物价、利率等，一定存在高度同步性。基于此，那些在全球体系中居于中心地位的国家的宏观经济政

---

① 因此，或许发达国家批评其他国家经济不开放的时候，或许应该先反思一下自己，给发展中国家做好表率。

策，一定对世界各国的经济产生即时且巨大的外溢影响。"大稳定"时期各国经济之间高度相关以及美国宏观经济政策主导世界，堪为确证。因此，在"大稳定"时期，各国经济与主要经济体之间宏观经济政策保持相似的周期性。然而，全球经济的同步性自 2007 年开始转变。危机发生不久，便有发达经济体与新兴经济体之间的经济增长速度"双轨脱钩"① 现象出现。自 2012 年始，新兴经济体内部（例如"金砖国家"）和发达经济体内部（例如美英和欧洲、日本）各主要国家（地区）的经济走势更出现了高度的非同步性。

各国政策周期非同步，经常是导致麻烦出现或者扩大麻烦的原因。20 世纪 80 年的拉美债务危机，部分便是由于拉美国家和美国的货币政策非同步所致：70 年代，国际市场美元泛滥，油价高涨使得美元实际利率很低，拉美国家在此期间大量举借债务，这在低利率的时候不存在问题。但到了 80 年代早期，经济形势发生了变化，里根政府的经济政策致力于解决 70 年代的通胀问题，采取了约束政府开支、控制货币供应量、提高利率的措施。这一方面使得利率戏剧性地上升，导致国际资本回流美国，进而提高了全球范围内的资金使用成本；另一方面，利率的攀升使得原材料价格下跌，而拉美的发展中国家经济大多又依赖自然资源和原材料的出口来换取外汇。这种不平衡迅速引起了拉美国家的资本流出和偿债能力下降，并最终导致拉美国家的债务危机爆发。

在木次经济危机中，由于各类国家（地区）或者处于危机后的不同复苏阶段，或（和）处于不同的发展阶段，它们的政策倾向便显示出南辕北辙的差别。当下，正当美、英等国央行在推行了若干轮量化

---

① 所谓"双轨脱钩"指的是，新兴经济体的经济增长率长期高于发达经济体，且两者互不相干。

宽松后开始退出之时，欧洲和日本的量化宽松却方兴未艾①。如此明显的国际政策周期"失联"，不仅使政策实施方难以在其内部达到预期的宏观目标，更会在国际上触发"以邻为壑"的恶性竞争，形成"零和"甚至"负和"博弈。全球贸易增长率自2012年以来便低于全球GDP增长率，便是合乎逻辑的结果。本轮危机中负和博弈的例证比比皆是。例如，爱尔兰2008年9月宣布对存款提供全额保险，欧洲其他国家并没有及时宣布这一政策举措，结果给欧洲其他国家的金融机构迅速产生了巨大的资金流出压力，欧洲流动性危机骤然加剧。在巨大的流动性压力面前，其他国家一方面指责爱尔兰，同时也不得不宣布为存款提供全额担保。显见，缺乏国际政策协调，特别是一国突然改变调控政策，可能会给那些没有采取相应措施的国家带来新的麻烦，而协调一致的政策行动可以较好地避免危机在更大范围内扩散。

经济周期错位并导致政策周期相悖，自然会导致各国宏观经济变量出现差异；各国宏观经济变量差异的长期化和无序化，为国际投机资本创造出从事"息差交易"（carry trade）的合适温床，从而，国际游资大规模跨境流动并引发国际金融市场动荡不居，将成为今后各国均须认真对待的不利的外部冲击。在这个意义上，建立有效的国际政策协调机制，成为当务之急。

在实践上，国际政策协调是十分困难的一件事，因为，国际政策协调需要相关经济体之间进行紧密且持续的政策协商与合作。虽然过去数十年里，学界和政策制定者们对宏观经济政策国际协调的优点进

---

① 例如，2014年9月，欧洲央行宣布降息，并酝酿在年底前推出欧洲版的全面量化宽松（主要形式为购买资产担保证券和担保债券），以抗击通货紧缩和实体经济的低迷。

行了广泛的讨论，但在实践中，较大范围的国际政策协调十分鲜见。不过，从危机以来各个国家的应对方式来看，此次金融危机在一定程度上推动了货币政策协调行动的发展。大约说来，此次危机管理的国际协调最集中体现在两个方面：其一，通过货币互换安排提供美元的流动性。从 2007 年 12 月开始，G10① 的中央银行就通过货币互换来发挥美联储对全球短期美元资金市场的最后贷款人职能。参与货币互换的其他国家中央银行从美联储借入美元资金，然后按事先确定的固定利率招标贷出美元资金，平抑本国（地区）过度紧张的美元市场。到 2008 年，已有 14 个国家的中央银行与美联储进行大规模货币互换。其二，主要经济体央行一致实施宽松的货币政策，促使利率水平大幅度降低。随着美联储开始降低利率应对危机，世界主要经济体的央行掀起了一致降息的货币政策行动。特别是 2008 年 10 月开始，美联储、加拿大银行、英格兰银行、欧洲央行、瑞士国民银行等联合发表降息声明，掀开了史无前例的国际协调降息的序幕（彭兴韵，2009）。中国紧随其后也加入了这场行动。因此，在应对经济危机的过程中，各经济体经济调控主管部门普遍加强了联系和协作，这让国际政策协调变得更加容易。

　　尽管如此，成熟的、制度化的国际宏观政策协调机制似乎仍在初期的摸索阶段。尤为重要的是，2008 年来的国际政策协调是一个较为特殊的情况，它依赖于危机的规模大到世界经济陷入同一个经济衰

---

① G10（Group of Ten），又称为 G-10 或十国集团，由一群共同参与一般借款协定（GAB）的国家所组成的团体。一般借款协定设立于 1962 年，内容主要为由当时国际货币基金（IMF）的八国政府及德国、瑞典的两国央行共同筹募一笔 60 亿美元信用额度的紧急基金，作为 IMF 与 G10 各国间的预备信用（Stand-by Credit），当 IMF 的成员处理紧急事件而资源不足时，可向 G10 各国依市场利率借入此基金。之后的瑞士于 1964 年加入，但 G10 的名称仍维持不变。G10 的成员包括比利时、荷兰、加拿大、瑞典、法国、瑞士、德国、英国、意大利、美国和日本。

退周期中，不同经济体经济周期的同步是 2008 年以来国际政策协调的基础。但是，随着时间和事态演进，有的国家（地区）从经济危机中恢复早，有的恢复晚，有的又出现了新的问题，不同国家（地区）处境各不相同，国家（地区）间经济周期的不同步性正在加强，这使得国际政策协调一致的经济基础不复存在。以本次危机以来的货币政策为例，正当美联储、英格兰银行等央行在推行了若干轮量化宽松后，经济有所恢复，宽松政策开始逐渐退出之际，2014 年 9 月欧洲央行突然宣布降息，并在当年 10 月推出欧洲版的全面量化宽松（主要形式为购买资产担保证券和担保债券），以抗击欧洲进一步恶化的通货膨胀和实体经济的低迷。这种经济周期不同步，必然导致欧洲和美国的政策周期出现较大偏差乃至背离，可能会导致资本加速流出欧洲，从而削弱其政策效果。

进一步考察发现，发达经济体与新兴经济体由于处在不同的发展阶段，他们之间的经济周期的非同步性进一步显现。如前所述，新兴经济体受经济危机的冲击相对较小，危机后经济增速很快反弹，整体经济增速相对危机前并未明显下降，这进一步使得新兴经济体在政策周期上与发达经济体呈现出较大不同。比如，中国是率先摆脱危机从而也是最早强调"退出"量化宽松的经济体。鉴于中国国情的特殊性，我们采取了一种总体偏紧并容忍增长率从高速下滑至某种中高速平台（落入"新常态"）的方式来化解前期刺激政策带来的不良资产和产能过剩等问题。然而，在发达经济体一方，美国、英国酝酿退出量化宽松之际，安倍经济学仍在力主扩张性政策，欧洲央行则索性采取前所未有的负利率政策。如此政策周期的全方位错位，显然会带来诸如息差交易（carry trade）、汇率波动、国际资本大进大出等国际金融市场的动荡，更频繁和有效的国际政策协调已成当务之急。

六、全球治理真空

第二次世界大战以来，国际社会在几乎所有领域中都建立了专业的治理机构，并相应地制定专业化和有针对性的治理规则，从而在各个领域都形成了完备的治理机制。这些机构和机制一向都能有效运转，但却未能经受住此次危机的冲击。2007年以来，几乎所有的全球治理机构和治理机制均已失灵，全球治理出现真空。目前，几乎所有的国际事务均须各国（地区）元首直接商讨决定，其效率之低下，前所未有。

世界范围内的政治经济格局重新洗牌不可避免，各大经济体都希望在新一轮的游戏规则酝酿与形成中加入自己的利益诉求。特别地，由于发达经济体是本轮经济和金融危机的肇始者因而受到冲击更大，而以中国为代表的广大发展中国家和新兴市场经济体受影响相对较小，甚至在危机之初的几年中逆势而上，它们之间的实力对比产生了明显变化。此长彼消之下，广大新兴市场经济体自然希望能在国际组织的运行和国际规则的制定中获取更大的话语权，而老牌发达经济体自然对此心有不甘。在现实中，新兴市场经济体想要在国际规则重塑过程中获取更大权力，主要有两条途径：一是改造现有国际组织并修改其现有规则，由以不断扩大自己的影响力；二是另起炉灶，在现有国际组织和国际规则之外寻找替代，谋求建立新的国际组织及相应的新规。全球危机以来，世事变幻，波诡云谲，国家与国家集团的分化与改组，国际规则之存废与修改，难以备述。其中变化最大者，当属国际货币体系、国际贸易规则、全球金融监管以及国际经济组织等四

个方面。

（一）国际货币体系面临深刻变革

本轮金融危机深刻暴露了以美元等西方货币为主导的国际货币体系的深层矛盾。特别是握有货币霸权的美国所面临的"特里芬难题"，使美国自身陷入了持续的经常项目逆差之中，形成美国购买其他国家商品，其他国家再购买美国国债的国际商品/债务循环。2008年来的国际金融危机证实了这种模式的不可持续性。而欧洲主权债务危机则暴露了最优货币区理论指导下的区域货币一体化的缺陷，深刻揭示了货币体系和财政体系的密切关联以及后者的决定性作用。

"特里芬难题"依然是储备货币发行国面临的最主要困境。但是，问题在于，对于这种已经暴露出原罪性矛盾的国际储备货币体系，我们目前仍没有操作性的替代方案。本轮危机的教训或许还是那句老话的重复："不能把鸡蛋放在一个篮子里"，即对单一主权货币依赖过大，会使"特里芬难题"的压力都集中在这一主权货币上，从而加大出现风险和危机的程度。未来，国际储备货币的多元化将是一个趋势。随着欧元区的稳定和发展，以及新兴经济体实力的不断壮大，会有越来越多的主权货币进入国际储备货币的行列，特别是像中国这种在过去积累了大量外汇储备的新兴市场国家，其地位和作用更不可小觑。当然，由于新兴市场经济体大多存在不同程度的资本项目管制，同时，国内又缺乏发达、深度、弹性、开放的金融市场，投资渠道和投资工具相对缺乏，再加上储备货币体系的路径依赖，新兴市场经济体的货币要与现存国际储备货币展开有效竞争，尚存在很大差距。然而，尽管这种变化十分缓慢而且充满曲折，但总是在坚定地进行之中。我们相信，随着多边货币互换网络的构建、随着国际货币基金组织的改革，随着中国人民币国际化的推进，假以时日，多元化竞争性国际货币体系格局和相应的多元治理体系终将形成。

（二）国际贸易规则出现若干新动向

危机发生以后，许多国家中左翼政党的力量得到加强。在经济政策取向上，"左派"们更支持政府加强对市场经济的干预，更希望创造平等的财富基础和更公平的基本权利分配格局。这种变化，必然导致一系列政策框架随之而变。这种变化表现在各个领域，贸易领域尤甚。为了鼓励出口，保护本国制造业，危机以来，世界范围内贸易保护主义有所加强，特别是那些深受贸易赤字困扰的国家，频繁的贸易摩擦成为常态。在国际贸易规则的制定中，虽然利益关系呈高度复杂状态，并导致各方力量重新组合，但主要分歧仍然集中在发达国家和发展中国家之间。发达国家在高端工业品和高端服务业领域占据绝对优势，因此，他们希望新兴市场经济体和发展中国家能进一步开放工业和服务市场，而这与发展中国家保护本国产业发展的意图相抵触。在另一方，新兴市场经济体和发展中国家更多依赖初级产品和劳动密集型产品，特别是农产品，而作为其交易对手的发达国家则通常都会对本国农业提供高额补贴，并对他国农产品进入筑就极高的壁垒，这就使得发展中国家的产品不具有价格优势。因此，国际贸易中一个长期存在的现象就是，发展中国家希望发达国家降低对本国农业的补贴并放开农业市场，而这又与发达国家支持本国农民和农业的意图相矛盾。在一定意义上，发达国家和发展中国家的这一矛盾，是 2001 年来多哈回合贸易谈判迟迟不能取得进展的重要原因。值得高兴的是，2013 年 12 月，WTO 第九次部长级会议通过《巴厘一揽子协定》（Bali Package），内容包含农业、知识产权、争端解决及发展等众多旨在削减贸易壁垒的内容，为 WTO 成立 18 年、多哈回合谈判启动 12 年以来的第一份全球多边贸易协定。2014 年 11 月 27 日，世界贸易组织宣布，在当天的总理事会特别会议上，有关落实《贸易便利化协议》的议定书最终通过，这是 WTO 成立以来在经历 19 年漫长之路后收获的第一项全球贸易改革协定。不得不说，国际金融危机的冲击使得世界更加清醒认识到国际贸易的重要性，从而推动 WTO 规则的改革迈出实质性步伐。

除了 WTO 机制缓慢推进之外，危机以来全球经贸关系发展最令人瞩目的进展之一，就是各种区域性自由贸易协定在各个层面和各个地区如雨后春笋般出现。其中最具代表者，当推主要由美国与欧洲国家参与的跨大西洋贸易与投资伙伴协议（TTIP）和由亚太国家参与的跨太平洋伙伴关系协议（TPP）。应当看到，区域贸易自由化安排和多边贸易投资架构，旨在调整区域间分工、重整产业和贸易链条，体现了世界发展的新潮流。据世界贸易组织统计，截至 2014 年 10 月，向该组织通报成立的区域贸易自由化安排的协议已经达到 379 个，其中 70% 是近 10 年成立的。中国作为国际经贸关系改革的积极推动者，近年来也广泛参与了各种类型的自由贸易区谈判和建立过程。我们与韩国的自贸区谈判已经结束实质性阶段。我国与东盟国家的自贸区谈判一直在稳定推进，2014 年已经取得显著进展。在 2014 年 11 月 10日至 11 日在北京召开的 APEC 会上，我国更提出了于 2020 年建立 APEC 自由贸易区的愿景，并获得与会者一致赞同。与此相表里，我国于 2013 年 9 月正式在上海设立"中国（上海）自由贸易试验区"，开始在自己的国土上试行新的自由贸易规则。经过一年多的积极探索，2014 年中央经济工作会上，上海自贸区的试点范围进一步扩大到天津、福建和广东等地，这表明，新的自由贸易机制已经在我国扎下了根。

危机以来国际经贸关系在 WTO 框架之外另一个新进展，就是服务贸易自由化框架的更新。众所周知，由于历史原因，现有的 WTO 等国际贸易协定比较侧重于货物贸易，而在促进服务贸易方面力度不足。多哈回合谈判一直不能取得结果，主要问题便是在农业和服务业方面的分歧不易弥合。2013 年底《巴厘一揽子协定》一定程度上解决了农产品贸易的问题，但在服务业贸易问题上进展不大。自 2011 年始，部分 WTO 成员国开始进行《服务贸易协定》（*Trade in Service Agreement*，TISA）谈判，试图进一步推动自由贸易自由化，改写 20 年前达成的《服务贸易总协定》（GATS）。这是新一轮高端自由贸易谈判。TISA 拟确立的主要原则包括：全面给予外资国民待遇，即除各国明确保留的例外措施以外，所有服务部门均需对外资一视同仁；原则上取消必须设立合资企业的各种要求，不得限止外资控股比例和经营范围。中国自 2013 年 9 月 13 日宣布，参加 TISA 的谈判。中国参与 TISA 谈判，意在更深融入全球市场，并倒逼国内服务贸易发展，通过服务业的发展，促进国内经济转型升级。这是我国落实党的十八届三中全会决定，建立外向型经济体的具体且实在的步伐。

应当看到，在全球经贸新发展中，美国依然处在主导地位上，而 TPP、TTIP 和 TISA，则是美国推动建立的新的全球经贸治理新规则的三大支柱。由于区域贸易自由化安排呈现广覆盖、高标准并与诸如 WTO 等全球多边体系并行的局面，因此，尽管 WTO 规则仍然是全球最大公约数，它在未来发展中受到 TPP、TTIP 和 TISA 的挑战也不可避免，两者间相互影响自然亦属不可避免。这些国际规则变化的新趋势，将深刻影响全球经济的未来发展。

(三) 全球金融业监管规则的调整

各界普遍认为，监管缺失是促成次贷危机的重要原因，因此，进一步加强金融业监管成为国际社会的共识。在雷曼兄弟破产两周年之际出炉的《巴塞尔协议 III》提高了对商业银行的核心资本充足率要求，并新增了关于流动性与杠杆比率的要求，注重从压力测试、市场流动性等角度考量和监管金融机构的潜在风险。在《巴塞尔协议 II》中，对于信贷和其他信用资产的风险的衡量，在很大程度上依赖于外部机构（特别是信用评级机构）的评定，而这些机构又不在被监管的范围之内。这导致了一些事后得知并不安全的资产（如在危机中被全球投资者弃之如敝屣的大量结构性证券）在事前却被贴上了非常安全的 AAA 标签。毫无疑问，现有信用评级机制也对金融危机的产生和泛滥起了推波助澜的作用。在《巴塞尔协议 III》中，这些信贷产品的风险的衡量则被要求进行更严谨的情景分析。

此外，信用（贷款）证券化和衍生品市场是本次金融危机的爆发点，危机爆发后，各界对证券化和衍生品多有责难，但由于资产证券化和衍生品市场对分散风险、减少对银行资本的占用、促进投融资发展上的重要作用，证券化和相关衍生品市场不会被彻底否定。不过，针对其问题进行改革则是必须的。信用证券化市场存在的问题主要有两个：一是道德风险问题。由于在信用证券化中，贷款发放机构和证券化操作机构在证券化完成并售出后就不再承担该贷款的信用风险，使得贷款发放和证券化操作机构与该证券的最终投资人的利益不相一致（无法实现激励相容），贷款发放和证券化操作机构对尽职调查贷款人风险、拒绝没有资质贷款人的激励不足，导致信贷风险从根源上加大。二是过度复杂的"结构化"和"打包"等操作降低了产品的透明度，投资者甚至无法知道自己购买的衍生品所对应的基础资产是什么，只能依赖于有很大缺陷的评级公司等第三方机构评估风险。目前，对信用衍生品市场加强监管的主要措施，首先是要求信贷发放机构和证券化操作机构承担被证券化资产的一部分信用风险，从而部分实现两者与证券化产品最终投资人的激励相容。其次是提高证券化市场的透明度，减少过度打包，使投资者更容易识别风险（谢平，邹传伟，2010）。

前面关于《巴塞尔协议 III》和资产证券化改革的讨论都涉及信用评级机构，可见其在现代金融市场中的重要性。人们普遍认为，评级信息能帮助减少信息不对称，降低投资者获取信用信息的成本，避免单个投资者的重复劳动，节约社会成本。但是，本次金融危机中暴露出的问题使得信用评级机构亟待改革。卖方付费的评级模式、对某些金融产品评级存在的缺陷，使得评级机构或有意或无意低估资产的风险，而投资者、金融机构和监管当局对信用评级的过度依赖，使得当评级机构下调某信用主体或金融产品的评级时，所有市场参与者会立刻统一行动，从而形成系统性风险。改革评级机构涉及多个方面，其要者：一是将信用评级机构纳入监管体系，确保其以认真负责的态度进行信用评级工作，披露利益冲突，降低其道德风险；二是改革现有评级方法，提高评级的准确性和客观性；三是要采取措施降低投资者、监管当局和金融机构对市场评级机构的依赖，鼓励有条件的机构自行开发并运用评级模型自主定价；四是要谋求理论和实践的创新，特别是商业模式的创新，使评级机构和评级信息的使用者实现激励相容，避免过去卖方付费模式下的弊端（谢平，邹传伟，2010）。

（四）政治、经济、安全层面的全球治理体系也在深刻调整之中，国际组织和机构的权力面临再分配

随着发达经济体和新兴经济体相对实力的此消彼长，以及在本次危机冲击下产生的地区冲突频发、地缘政治紧张等矛盾的凸显，原有的以美欧为主导的国际政治和经济秩序和治理体系已经不再适应新的形势要求，而以中国为主要代表的新兴市场经济体正在成为国际治理体系中日益重要的力量。新兴经济体在政治、经济、安全层面的全球治理体系中谋求更大的话语权和影响力，但这可能降低发达经济体的相对地位和权利，发达经济体对此并不情愿。这种情况在 2013 年美国否决国际货币基金组织（IMF）的改革议案一事中可见一斑。

作为布雷顿森林体系的两个支柱性机构，国际货币基金组织和世界银行在第二次世界大战后的国际经济、金融治理中发挥着重要作用。现在，两机构面临的主要问题是如何根据现有国际经济格局改善自身治理结构，反映国际政治经济舞台上新兴市场经济体和发展中国家日益壮大的力量，提高他们在两机构的权益，增加话语权。2010年 G20 峰会对 IMF 的治理机制改革形成了重要决议，但如今四年已逝，由于美国国会不予批准，IMF 的份额改革方案至今仍未通过。最近以来，由于欧洲深陷危机，IMF 批准了对乌克兰的 170 亿美元援助计划，IMF 贷款资金的 90% 用于欧洲（朱光耀，2014），这引起了国际社会对 IMF 的广泛质疑：IMF 将如此多资源用于一个区域，是否有违公平，它又该如何承担起对发展中国家的责任？这些都形成了对 IMF 的挑战（朱光耀，2014）。但是，美国牢牢把持在 IMF 的超过 17% 的份额，从而掌握着"否决权"，其他国家的任何努力都不能产生实质性影响。这就不免令人怀疑 IMF 这个体制及其运行机制的合

理性。

　　需要指出的是，虽然老牌发达国家（地区）并不情愿将手中的权力拱手相让，但这种变革是在实力对比发生变化下的必然反应，并非这些国家（地区）想要阻止就可以完全阻止了的。并且，这种治理体系的变革不仅关乎在全球治理体系中国家（地区）间地位和权利的公平、公正，而且也关乎国际组织和全球治理机制的效率。如今，在高度全球化的条件下，在经贸、金融乃至科技、文化、地区安全等一系列议题中，没有新兴经济体的参与和合作，发达经济体也难以实现自身的利益诉求。在这个意义上，建立和完善新的全球治理体系确属多方共赢之举，对发达经济体并不完全都是坏事。老牌发达国家（地区）目前仍然囿于"分饼"思维，担心其他国家（地区）分润其既有利益和权力，殊不知，若致力于把"饼"做大，各个参与全球经济体系的国家（地区）所得之饼都可能会比过去更多。

第三章 全球新常态探源：长期停滞假说

如上所述，历经 20 余年"大稳定"的全球经济在 2007 年金融海啸的打击下，一朝转变为美国、欧洲、日本等发达经济体同时陷入危机的大衰退。而且，在危机的高潮已经退去的 6 年后，绝大多数国家（地区）仍然只出现了极为不稳定的微弱复苏，且程度不同地进入了一个趋势性低增长时期，并不时伴有经济探底、通货紧缩、公共部门债务违约、银行业危机等诸多不确定性与现实风险。

经济的恢复过程如此艰难漫长，导致危机出现的因素必然复杂、多重且深重。

一、长期停滞：似曾相识燕归来

从繁荣昌盛的全球大稳定转入以长期低速增长为趋势性特征的新常态，这是一个巨大的转变。转变的根源众说纷纭，其中较有说服力且具代表性的解释是美国著名经济学家、前财政部长萨默斯在 2013 年底提出的"长期停滞"论（Secular Stagnation；Summers，2014）。如所周知，"长期停滞"概念并非萨默斯首创，事实上，早在 1938 年，有着"美国凯恩斯"之称的经济学家汉森（Hansen，1939）便提出这一概念，用以描述当时由于投资需求不足、外来移民供给减少并导致劳动力供给减少等因素造成的长期经济低速增长。他同时强调，如果没有相关的刺激政策干预，美国经济自身很难单独凭借市场力量摆脱这一困境①。不难看出，这是凯恩斯式"萧条经济学"的标准表述。但很快，随着第二次世界大战的爆发和"战时繁荣"意外降临，汉森的长期停滞说很快就被人遗忘。

萨默斯如今"旧话重提"，显然是因为他强烈地感觉到历史正在顽强地重复自己，当然，是以新的形式在重演过去的噩梦。在萨默斯看来，此次的"长期停滞"主要包括以下新内涵：首先，长期停滞是指能够实现充分就业、并使储蓄和投资实现均衡的实际利率（亦即自然实际利率或自然利率）处于较大的负值区间，远低于现行的实际利率的状况。根据 Laubach 和 Williams（2003）的估算（见图 3.1），新世纪以来，美国自然实际利率就已明显下降；到了 2008 年底，已经降至接近于零的水平，而从 2012 年第三季度至今，更落到负值区间。问题在于，现行实际利率在近三十多年来也呈下降趋势，但仍旧明显高于自然实际利率（见图 3.2）。这种状况的主要后果，是出现了一系列让人望而却步的停滞局面，投资不足、消费低迷、就业不充分、实际产出增长低于其潜在水平以及常规货币政策因"利率零下限"（Zero Bound）而失效，是其典型化特征。其次，为应对经济增长长期低于潜在增长率这一严峻挑战，美国货币当局已经将名义利率压低至接近于零的历史低位，欧洲中央银行甚至于 2014 年 4 月，创纪录地将央行政策利率降至 −0.1%，同年 9 月，更进一步降至 −0.2%。但是，如此"超常规"的举措仍旧不能弥合当前利率和均衡利率的差距。作为宽松货币政策的副产品，股票、房地产等资产价格飚升，资

---

　　① 按照汉森的解释，"长期停滞"就是凯恩斯提出的"就业不足条件下的均衡"的一种别称。

产泡沫难以抑制（参见本书第二章）。陷入充分就业、经济合理增长
和金融稳定三项宏观目标难以同时实现的困局，决策者不得不在低迷
的增长和膨胀的资产泡沫中进行痛苦的抉择。

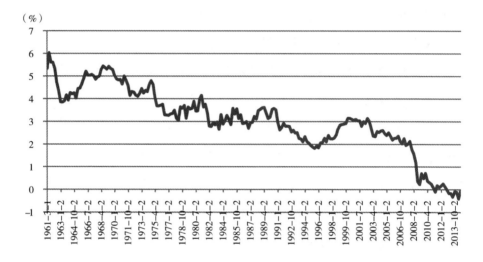

图 3.1 美国自然实际利率估算

资料来源：Laubach 和 Williams（2003）估算更新数据，参见 http://www.frbsf.org/
economic-research/economists/john-williams/。

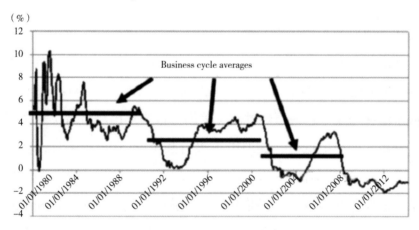

图 3.2 美国实际利率

注：①转引自 Krugman（2014），原文图 1。
②实际利率为联邦基金利率与核心通货膨胀率之差。
③图中三段横线分别表示三个商业周期的实际利率平均值。

　　萨默斯的以上观点引发了学界的高度关注，当然，争议和不同看法不可避免。比如，McKinsey 报告（2013）就认为，美国未来的增长潜力仍很巨大，特别是在能源、贸易、大数据、基础设施和人才这五大领域中存在很多机会。在能源领域，页岩气和页岩油生采不断扩大。在贸易方面，美国在知识密集型商品方面的贸易竞争力正不断增强。在大数据领域，飞速发展的大数据平台及其分析手段的日新月异，正在不断提高行业生产率方面的潜力。在基础设施方面，新的投资重点是强固基础，提高其生产率。在人才领域，K－12 和中学后教育（Post-secondary education）的新方法的引进，必将大大提升美国的人力资本。该报告认为，到 2020 年，以上五大领域的增长能够使美国的年度 GDP 增加数千亿美元，并创造数百万个就业岗位。更令人兴奋的是，2030 年之后，其中基础设施和人才的投资会产生更为显著的收益。

　　最近，一份面向英国经济学家的问卷调查也显示（Armstrong 等，2014），近一半的受访者表示不同意西方发达国家陷入长期停滞的判断，而赞同者仅为四分之一，其余四分之一不置可否。其中，有相当多的人认为长期停滞的定义和内涵尚有很多模糊和不足之处。如有"长期停滞即为很长的衰退"和"长期停滞的提法混同了需求侧和供给侧问题"等观点。但是，对于均衡利率走低的事实，以及目前应当更侧重运用积极的财政政策的导向，则形成了较多共识。

　　上述争论也反映在戈登（Gordon，2014）的研究中。在他看来，"长期停滞"和长期的低速增长指的不是一回事。前者主要指因需求不足导致的实际增长率在较长时段内低于潜在增长率的情形（即存在产出缺口），恰如汉森在 20 世纪 30 年代所面对的美国经济情势；后者则主要指潜在增长率自身的下降，因而能够更为准确地概括当前的经济形势。

尽管存在不同看法，但是，在危机延续数年以后，世界经济尤其是发达经济体，整体复苏乏力且步调不一致，确是事实。例如，Dominguez 和 Shapiro（2013）的研究表明，不同于 20 世纪 80 年代的复苏（如在 1982 年的衰退之后），本轮衰退在触底反弹后并没有在短期内实现更快的经济增长以弥补此前的损失，而是以低于趋势增长率的步伐缓慢回升，这表明，经济中存在较大且持续时间较长的产出缺口。这种状况同 1991 年和 2001 年温和衰退后的复苏经历较为接近。显然，Dominguez 和 Shapiro 的判断在一定程度上契合了萨默斯关于需求不足导致长期停滞的论述。又如，Reinhart 和 Rogoff（2014）指出，在危机高潮退去的 5～6 年间，在其考察的 12 个国家中（主要为西方发达国家），仅有美国和德国的人均 GDP 超过了危机前的水平，而希腊、荷兰、意大利、西班牙、葡萄牙等国家甚至到 2013 年收入滑坡都可能尚未见底（其中希腊人均 GDP 在危机低谷时较危机前已经下降了24%）。根据相关估计，直到 2018 或 2019 年，上述国家才可能恢复到危机前的收入水平。

以上认识已经反映到国际组织对未来全球增长的预测之中，这些机构都表现出了对世界经济增长前景的担忧。2014 年 9 月，经合组织（OECD）调整了其在同年 5 月做出的世界经济增速预测：除中国（持平）和印度（+0.8%）外，几乎所有的主要经济体增速都被下调。其中，美国由 2.6% 降至 2.1%，欧元区由 1.2% 降至 0.8%，日本由 1.2% 降至 0.9%。紧随其后，2014 年 10 月，国际货币基金组织在其发布的新版《世界经济展望报告》中也表示，自 2011 年秋季以来，基金组织对中期——即预测时的未来五年——世界经济增长的预测出现了明显的逐次下调趋势（见图 3.3）。特别是欧元区，更有

40%的概率陷入2008年危机以来的第三次衰退，而此概率在2014年
4月版的报告中仅为20%（此外，欧元区出现通货紧缩的风险也很
高）。这在某种程度上也支持了长期停滞的判断。当然，如图3.3所
示，在国际货币基金组织的预测中，新兴市场国家的中期经济增长也
面临明显的下行压力。我们认为，导致这一前景的主要原因之一，在
于作为最大的新兴经济体的中国业已在新常态下出现结构性增长放
缓。这一点，构成我们讨论中国经济新常态的主题。

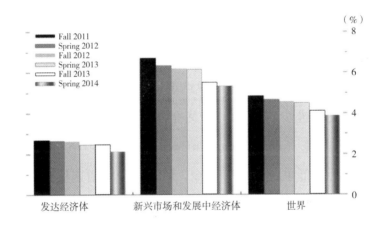

图3.3 国际货币基金组织中期增长预测

资料来源：转引自 IMF（2014），原文图3.1。

长期停滞作为一种具有全球影响力的观点，已经被 IMF 等国际组
织和众多世界一流经济学家关注和采纳（参见 Teulings 和 Baldwin
（2014）对此的文献综述）。这说明，该观点至少是分析当前全球经
济形势及其未来发展走势的入手处。至少，恰如诺贝尔奖得主、新古
典经济增长理论的奠基人之一罗伯特·索洛最近所指出的（Solow,
2014），长期停滞的判断即使不是确定事件，但支持此说也不是"高
风险的赌注"（long shot）。

在本章以下的篇幅里，我们将基于长周期的理论，综合各方观点，从供给、需求、政策以及收入分配等四个方面，进一步概括长期停滞的事实，并阐释长期停滞概念。

二、供给端分析

技术进步、人口结构和劳动力市场变动、真实利率水平，是从供给端解释长期停滞的主要因素。

经济增长理论和各国的实践都指出，决定长期经济增长的核心变量是技术进步。持长期停滞论的观点正是认为，造成长期停滞的主因之一，便是技术进步的放缓。据戈登测算（Gordon，2012，2014），美国全要素生产率（Total Factor Productivity，TFP）早已重回 20 世纪 30 年代前的历史低位：1980 年至今，TFP 的年均增速仅为 0.5%，约为 1930~1980 年增速的三分之一（见图 3.4）[①]。而"大稳定"时期（特别是 20 世纪 90 年代中期至本次危机前）短暂的技术进步加速，仅仅相对于此前的十余年而言，远不能同 20 世纪中期的水平相比。同时，有研究显示，由于欧洲、日本等主要发达经济体自身的创新能力有限，而对美国的知识技术外溢依赖较高，所以，它们也步美国后尘，在 20 世纪 90 年代以来经历了程度不同的生产率增长减速（见 Jimeno 等，2014）困局。关于普遍的技术进步放缓的成因，戈登认为，这一时期的主要科技创新成果，如互联网和个人电子设备等，虽然也对产出效率的提升产生了作用，但力度远远小于一个世纪前电力、内

---

① 尽管如此，戈登不认为技术进步放缓是长期停滞的主因。

燃机和自来水系统的发明应用（关于美国技术进步的不同观点，参见Crafts，2014；Eichengreen，2014；Glaeser，2014）。此外，诺贝尔奖得主费尔普斯在其新作《大繁荣》一书中，则进一步从制度、文化、职业态度、价值观等多个维度，描述并解释了 20 世纪 70 年代以来美国等发达国家技术进步放缓和创新乏力的情景，并特别强调了生产率增长停滞对就业的不利影响（费尔普斯，2013）。

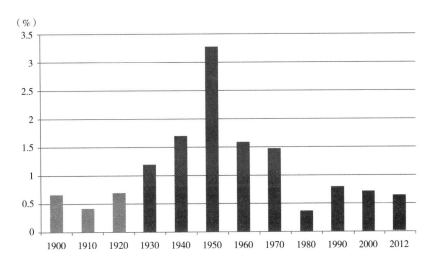

图 3.4 美国年均全要素生产率（TFP）增速

注：①转引自 Gordon（2014），图 1。
②柱形表示显示年份前 10 年的 TFP 年增长均速。

供给端的另一重要因素是人口增长和劳动市场的变动。由于人口生育率下降、预期寿命提高、战后婴儿潮一代退出劳动市场等因素（Hall，2014）叠加出现，新世纪以来，美国等发达经济体普遍陷入了劳动力供给数量减少、劳动参与率下降的困境。如在 1972～1996年，美国劳动参与率年均增长 0.4 个百分点。而在 2007～2014 年，该指标年均下降 0.8 个百分点。仅此一项变化，就导致美国人均 GDP

增速下降 1.2 个百分点（Gordon，2014）。相对美国而言，欧洲、日本的劳动力供给状况更为悲观。如图 3.5 所示，自 20 世纪 90 年代以来，由于老龄化和少子化等因素持续恶化，欧日两大经济体的劳动人口相对比重下降的趋势不仅更为明显，且持续的时间远较美国更长。与此同时，疲弱的经济环境，则进一步削弱了人力资本积累和劳动参与率。面对此状，理论界重拾"欧洲硬化症"（Eurosclerosis）概念，并结合当前以及欧洲以外国家的实践展开了新的研究。从文献上看，针对欧洲硬化症的研究自 20 世纪 70、80 年代就已开始[①]，在一个相当长时期中，研究的对象仅局限于欧洲各国。不幸的是，在本轮危机中，类似欧洲硬化症的情形在包括美国在内的更大范围内有重现之势。[②] Glaeser（2014）基于美国的研究显示，与衰退相关联的失业并不会随着经济复苏而完全恢复。人力资本将在失业中就此永久性地失去，劳动参与率也随之降低。此外，第二次世界大战战后以来，美国等发达国家的教育普及程度迅速提高，其中所积累的大量人力资本，支撑了战后的经济复苏与繁荣。但是，大约自 20 世纪 70 年代始，进一步普及教育和提高人力资本的潜力趋于消失。戈登的研究显示（2014），这种现象，在美国不仅发生而且极为严重，特别是在高中和大学阶段的教育普及率上，美国均在发达国家中居后。总之，由于要素供给数量的减少和质量的降低，危机后的经济增长即使有短暂反弹，但也难以重回危机前的长期路径。换言之，在单次危机的冲击下，潜在产出水平将发生下移。显然，这也意味着，如果没有更快的

---

① 单从经济角度看，欧洲硬化症主要指在 20 世纪 70 年代至 80 年代前期，欧洲国家在石油危机等因素的冲击下，陷入经济萎靡、就业创造乏力、失业率居高不下的困境。

② 按照 Teulings 和 Baldwin（2014）的对比分析，自 2000 年开始，美国的劳动参与程度甚至比长期僵化的欧洲国家——如法国表现得更为令人悲观。至 2012 年，美国的男性劳动参与率已经位列日本、中国、德国以及欧元区平均水平之后。

增速，重新恢复到危机前的产出水平将需要更长时间。

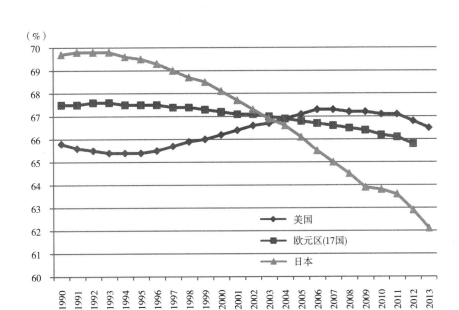

图 3.5 主要经济体 15～64 岁人口占总人口比例

资料来源：OECD，*Main Economic Indicators*。

在供给端的诸变化中，最不易让人察觉但却发挥关键作用的因素是充分就业实际利率（The Full-Employment Real Interest Rate，简称FERIR）水平的动态。这一概念指的是能够实现充分就业，并使储蓄和投资实现均衡的利率。该利率又被称作"自然利率"，因首先由维克赛尔提出并定义，故又称"维克赛尔利率"。根据维克赛尔的累积效应，实体经济中存在着一个由储蓄和投资决定的（均衡）真实利率水平。该利率水平决定于三类因素：一是储蓄供给函数（可贷资金供给），二是投资需求函数（可贷资金需求），三是相对于风险资产的对安全资产的需求强度。在该利率水平上，经济达成充分就业。然而，充分就业实际利率并非总落在正水平上，倘若储蓄供给大于投资需求，且安全资产的供给难以将超出的"过剩"储蓄完全吸收，则充分就业的真实利率可能落在负值区间。图 3.6 记录了美国充分就业实际利率的下降趋势。

图 3.6　美国自然利率走势

资料来源：Laubach, T. , and Williams, J. (2003)，"Measuring the Natural Rate of Interest"，*Review of Economics and Statistics* 85(4)，pp. 1063-1070。

据萨默斯等人研究，在 20 世纪 90 年代初以及 2001~2005 年，美国的实际利率便曾降到过零以下，远低于当时的名义利率。这使得美国的货币政策陷入两难：名义利率虽一降再降，但仍较充分就业实际利率高出很多，远不足以刺激投资和拉动经济；而为降低名义利率放出的大量货币，更会导致严重的资产泡沫，并最终成为引发危机的导火索。危机爆发以后，特别是雷曼兄弟倒闭以后，美国的实际利率一直保持在 −1%~−2% 水平（见图 3.7），由此导致投资不足、产出下落（低于其潜在水平）和就业不充分等经济停滞局面出现。为应对困局，美联储不得不长期将名义利率压低至接近于零的历史低位。然而，该利率不仅仍旧高于充分就业实际利率，因而对经济刺激作用甚小，而且，如此"松"的货币政策进一步引发了严重的资产泡沫，阻碍了危机的恢复进程。简言之，实际利率长期为负，不仅使得充分就业、经济合理增长和金融稳定三项宏观目标断难同时实现，决策者甚至不得不在低迷的增长和膨胀的资产泡沫之间进行痛苦的抉择。据King 和 Low（2014）的研究，以债券收益指数来衡量的主要国家的实际利率自20世纪末便已下行（见图3.8）。这是全世界宏观当局都难有应对良策的棘手局面。

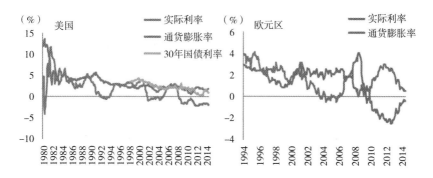

图 3.7　美国和欧元区实际利率水平变化

资料来源：ECB 和 Bloomberg；转引自 Coen Teulings & Richard Baldwin, *Secular Stagnation*。

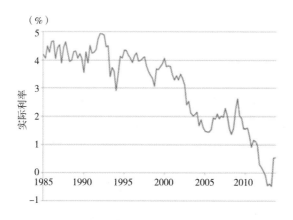

图 3.8　全球平均实际利率

资料来源：King, Mervyn, and David Low（2014），"Measuring the 'World' Real Interest Rate", NBER Working Paper No. 19887。

三、需求端分析

再来看需求端。长期停滞还表现在持续存在的产出缺口上，这指的是，实际增长在较长时期内低于其长期潜在趋势。产出缺口的本质是凯恩斯经济学的核心概念之一，即总需求不足。这一分析视角为很多研究者采纳并重视。事实上，这也是萨默斯的主要关注所在。对于萨默斯的观点，诺贝尔奖得主克鲁格曼给予大力支持（Krugman，2014）。他认为，无论有多少原因，总需求不足都构成最重要原因之一，他同时还强调，长期停滞主要指这样的判断：在过去五六年间，零利率政策仍然不能达成充分就业，这种状况在未来将更为常见，演成某种常态。

此外，特别需要强调的是，旅日经济学家辜朝明进一步从"资产负债表衰退"（Balance Sheet Recession）这一存量视角解释了长期停滞的形成机理（Koo，2014）。他指出，在危机中，特别是资产泡沫破裂后，迫于生存压力，此前过度负债的企业和居民部门开始压缩投资和消费，转而进行资产负债表的修复和去杠杆化（亦即减少债务）。这无疑会进一步加剧储蓄和投资的失衡，催生总需求不足和经济增长乏力的恶性循环。日本在20世纪90年代泡沫经济破灭后所经历的"失去的二十年"和最近的长期停滞，都可以用这种观点予以解读。最近，相关研究也显示，随着投资回报率的下降，美国私人部门的储蓄继续增加，而投资却趋于减少，甚至出现企业部门储蓄超过投资，成为经济系统的净贷款人的异常现象（Solow，2014）。我们认为，企业在后危机时期普遍致力于修复资产负债表，是危机长期化的重要原因之一。

四、宏观政策的责任

经济陷入长期停滞，宏观经济政策也难逃其咎。在前文中我们已经指出，长期停滞的判断，首先就是针对在均衡利率为负值下的货币政策失效而提出。事实上，从 2008 年 12 月开始，美联储便开始将联邦基金利率（Federal Funds Rate）降至 0% ～ 0.25% 的历史低位并维持至今，而在 2008 年 1 月，该利率还居于 3.5% 的高位，2007 年末更高达 4.25%。与此同时，欧洲央行也趋势性地降低了欧元区主要利率（见表 3.1），其中，私人银行在欧洲央行的存款利率甚至已经在 2014 年 6 月降为负值。问题在于，如果使得储蓄和投资达成均衡的实际利率为负值，运用常规的利率工具无异于"隔靴搔痒"：它不仅难以完成经济增长和就业充分的宏观政策目标，反而还会助长股票、房地产等资产价格快速上涨，以致于使经济体陷入"只有依靠泡沫才能创造财富"的危险境地（Solow，2014）。有鉴于此，美国货币当局才果断决定抛弃使用多年的价格工具而不用，转而祭起了早已闲置许久的数量型政策工具，诸如定期拍卖工具（TAF）、商业票据融资工具（CPFF）和定期证券借贷工具（TALF）等相继推出，继而，索性大张旗鼓地连续推出三轮量化宽松政策（Quantitative Easing，QE），同时，通过向市场持续大量注入流动性，人为将长期利率压在零水平上。欧洲央行显然没有美联储见机行事得早，危机已经发生三年之久，那里还在就货币政策的目标仅限于控制通货膨胀，还是应包括维护金融稳定和刺激增长等争论不休。直至主权债务危机肆虐三年之后，欧洲央行才在 2012 年 9 月姗姗来迟步美联储后尘，宣布无限量购债。然而，事实上，直至 2014 年下半年，欧洲央行才真正制定并实施了类似美联储的较大规模的资产购买计划，推出了所谓的"欧洲版"的量化宽松。欧洲央行同时表示，将迅速将其资产负债表规模大幅扩张至 2012 年初的水平。应当说，以上的政策分野，在很大程度上解释了美国和欧洲在后危机时代经济复苏中的表现差异。

表 3.1　欧洲央行主要利率

（单位:%）

生效日期	隔夜存款工具（Deposit Facility）	主要再融资操作（Main Refinancing Operations）	边际贷款工具（Marginal Lending Facility）
2014 年 9 月 10 日	0.20	0.05	0.30
2014 年 6 月 11 日	0.10	0.15	0.40
2013 年 11 月 13 日	0.00	0.25	0.75
2013 年 5 月 8 日	0.00	0.50	1.00
2012 年 7 月 11 日	0.00	0.75	1.50
2011 年 12 月 14 日	0.25	1.00	1.75
2011 年 11 月 9 日	0.50	1.25	2.00
2011 年 7 月 13 日	0.75	1.50	2.25
2011 年 4 月 13 日	0.50	1.25	2.00
2009 年 5 月 13 日	0.25	1.00	1.75
2009 年 4 月 8 日	0.25	1.25	2.25
2009 年 3 月 11 日	0.50	1.50	2.50
2009 年 1 月 21 日	1.00	2.00	3.00
2008 年 12 月 10 日	2.00	2.50	3.00
2008 年 11 月 12 日	2.75	3.25	3.75
2008 年 10 月 15 日	3.25	3.75	4.25
2008 年 10 月 9 日	3.25	–	4.25
2008 年 10 月 8 日	2.75	–	4.75

续表

生效日期	隔夜存款工具 （Deposit Facility）	主要再融资操作 （Main Refinancing Operations）	边际贷款工具 （Marginal Lending Facility）
2008 年 7 月 9 日	3.25	–	5.25
2007 年 6 月 13 日	3.00	–	5.00
2007 年 3 月 14 日	2.75	–	4.75

资料来源：欧洲央行，参见 http://www.ecb.europa.eu/stats/monetary/rates/html/index.en.html。

面对百年不遇的国际金融大海啸，各国政府除了大剂量地使用超常规货币政策，也加大了财政政策的刺激力度，扩大公共开支、增加财政赤字、加大注入流动性等，频繁出现在各国的宏观调控政策菜单上。更有甚者，随着衰退的长期化，过度扩张的货币政策逐渐显示出其与财政政策的内在联系，从而导致各国对财政政策的依赖呈日渐加重之势。问题的严重性在于，尽管扩张性财政政策在刺激总需求、置换私人部门有毒资产并改善其资产负债结构、防止债务违约蔓延、重振市场信心等多个方面发挥了立竿见影的作用，但也使政府部门资产负债表严重恶化，进一步则引发了债务的"加杠杆"过程。这使得扩张性的财政政策成了引鸩止渴。这种状况引起了国际社会的高度关注，如 2014 年底的《日内瓦全球经济报告》就忧心忡忡地显示（Buttiglione 等，2014）：处在不同发展阶段的经济体，政府债务都在危机以来明显提高，其中尤其以发达经济体情况最为严重。根据国际货币基金组织的最新数据，2007 ~ 2013 年，所有 G7 集团成员国的政府债务与 GDP 之比均有程度不同的上升。其中，美国、欧元区、日本和发达经济体整体的该项指标分别攀升了 40、29、60 和 33 个百分点（见表 3.2），这也导致了在危机后私人部门开始去杠杆的同时，经济整体的杠杆率还在继续上升，甚至在近年来增幅都未明显回落。由此产生的恶果是显然的：债台高筑的政府很难再有政策空间进行所谓的反周期经济政策调控以提振需求，反而无奈地开始削减开支，开始进行财政整固（Fiscal Consolidation），这无疑给本已疲弱的复苏雪上加霜。在此方面，欧元区的债务危机恶化和增长乏力同时出现，提供了最好的明证。此外，克鲁格曼进一步指出，即使政府可以通过扩大赤字和公共支出等常规的扩张性财政政策以提振需求，弥补缺口，但在均衡利率长期为负的情况下，这些举措的效力只能是暂时的，不能根本地、持续地解决问题（Krugman，2014）。根本原因在于，大衰退是由一系列深藏于供给侧的实体经济变量走差造成的，而着眼于需求侧的政策在最好的情况下，也只能为供给侧的结构调整创造条件，过分使用需求政策，搞得不好就会产生事与愿违的结果。

表 3.2　主要发达经济体政府债务与 GDP 之比

（单位：%）

	加拿大	法国	德国	意大利	日本	英国	美国	欧元区	发达经济体
2000	81	57	60	109	144	40	–	69	–
2001	82	57	59	108	154	37	53	68	71
2002	80	58	61	105	164	37	55	68	72
2003	77	63	64	104	170	39	59	69	74
2004	72	64	66	104	181	40	65	70	78
2005	71	66	69	106	186	42	65	70	77
2006	70	63	68	106	186	43	64	69	75
2007	67	63	65	103	183	44	64	66	72
2008	71	67	67	106	192	52	73	70	79
2009	83	78	75	116	210	67	86	80	92
2010	85	81	83	119	216	78	95	86	99
2011	86	84	80	121	230	84	99	88	103

续表

	加拿大	法国	德国	意大利	日本	英国	美国	欧元区	发达经济体
2012	88	89	81	127	237	89	103	93	107
2013	89	92	78	133	243	91	104	95	105

注：①政府债务为"General Government Gross Debt"。
②日本2013年数据为预测值。
资料来源：IMF，World Economic Outlook Database，2014。

五、收入分配恶化

在讨论经济增长问题时，收入分配问题通常都不在经济学家的视野之内，然而，危机的持续恶化，逐渐将这一问题的重要性显示出来。越来越多的研究者认同这样的判断：日趋恶化的收入分配格局，进一步抑制了发达经济体的增长潜力与社会活力，成为导致长期停滞的重要"逆风"之一（见Gordon，2014）。正如长期研究收入分配问题的著名经济学家皮凯蒂等人的研究显示（Piketty和Saez，2013），早在经济繁荣的"大稳定"时期，发达经济体就普遍经历了收入分配不平等的持续恶化。在《21世纪资本论》中，皮凯蒂进一步指出，在21世纪第一个十年，在多数欧洲国家，尤其是在法国、德国、英国和意大利，最富裕的10%人口占有国民财富的约60%；而在美国，最富裕的10%人口的财富份额达到70%。最令人震惊的是，在所有这些社会里，半数人口几乎一无所有：最贫穷的50%人口占有的国民财富一律低于10%。与财富不平等程度相对应，资本收入的分配高度不平等。在20世纪七八十年代的北欧各国，劳动收入最高10%人群的劳动收入只占全部劳动收入的20%，而资本收入最高10%人群的资本收入却占到全部资本收入的50%。至于在其他国家，这种不平等的差距更大。例如，在 2010 年的美国，劳动收入最高的 10% 人群，其劳动收入占全部劳动收入的 35%；而资本收入最高的 10% 人群，其资本收入占全部资本收入的比重高达 70%。

尽管在 2008～2009 年的金融危机与经济衰退中，这一局面曾暂时逆转，但其长期恶化的趋势并未改变。诺贝尔奖得主斯蒂格里茨（Stiglitz，2012）在《不公平的代价》一书中也指出，美国的收入和财富分配不公在第二次世界大战结束后的最初 30 年间曾持续改观，但在最近 30 年来却不断恶化，并且情况比欧洲、加拿大、澳大利亚等主要发达经济体更令人堪忧。他的研究显示：在 1979～2007 年间，即使在扣除税负后，美国前 1% 的顶层收入人群的收入增长了 275%，前 21%～80% 的人群收入增长则低于 40%，而底端的 20% 人群收入仅增长 18%。"富者愈富，贫者愈贫"的趋势，跃然图上（见图 3.9）。需要强调的是，如此的分配格局不仅会造成社会动荡、阶层固化，更会严重挫伤市场的创新创业活力、阻碍人力资本积累、抑制消费需求、加重财政压力。菲尔普斯在《大繁荣》一书中就不无忧虑地指出，美国政府为调节工资差异的趋势性放大，负担了日益沉重的财政压力。其中，"社会性转移支付"占 GDP 的比重，自 20 世纪 60 年代即开始不断攀升，享受某种形式政府救助的家庭人口占总人口的比重也在提高，1983～2011 年，其比重由 29% 骤升至 48%。这种状况显示：当前美国的低收入人群所获得的各种福利已经远远超过其工资收入；一个不靠自己劳动所得却须保持较高生活水准的大面积人群已经形成。毋庸置疑，这种福利化的趋势往往是不可逆的，但当其超过了某个合理限度，其负面影响就会日益彰显：一方面，过高的福利削弱了辛勤工作、锐意创新创业的动力；另一方面，也使政府负担过重，乃至债台高筑。显然，无论出现何种情况，都会抑制经济发展的

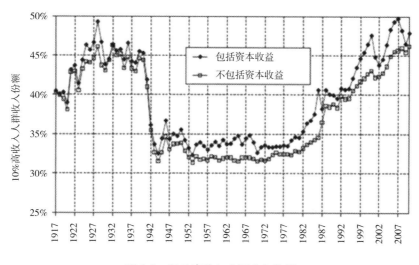

图 3.9　10%高收入人群收入份额

资料来源：转引自 Piketty 和 Saez（2013），原文图 1b。原始资料来源于 World Top Income Database，主要涵盖发达经济体，参见 http://topincomes. g-mond. parisschoolofeco-nomics. eu/。

长期活力，并陷社会于不满和动荡之中。尤其值得注意的是，由于居于弱势地位，在经济停滞过程中，低收入阶层往往受害最深，这将使不公平的首付分配格局更趋恶化。从某种程度上说，欧洲——尤其是南欧国家已经深陷此种怪圈之中，目前的美国则已显现步此后尘的迹象①。

综上，我们认为，发达经济体已经陷入多重不利因素共同发挥作用的长期衰退时期。度过这一困难时期的对策，存在于全面、深刻的改革之中，所有的国家都需要综合运用财政、货币甚至各种社会政策，致力于提高经济的中长期增长动力，在短期，则需要尽可能缩小产出缺口。这包括：在供给端，加快结构性改革、鼓励创新创业、促

----

① 最近，Azzimonti 等（2014）的一项研究也显示，收入分配不公是发达经济体公共债务高企、杠杆率攀升的重要原因之一。

进教育与人力资本积累、增强劳动市场弹性、提高退休年龄等改革举措，均属必要。在需求端，需要继续推行凯恩斯式的扩张性财政政策和宽松货币政策，特别是在经济复苏基础尚不牢固、市场主体的内生增长动力还显不足的情形下，各种形式的财政整固或政策"退出"需要高度谨慎①。与此同时，或许是最重要的，是各种政策应兼顾收入分配等社会因素的考量，尤其需要在提供最基本社会保障的前提下，着力维护机会均等、公平竞争的市场条件与社会价值取向。简言之，单纯的经济学已经解释不了也应付不了当前高度复杂的局面，我们需要娴熟的政治经济学。

---

① 值得指出的是，国际货币基金组织（IMF，2014）认为，在许多发达经济体，扩大公共基础设施投资既可以在短期内拉动需求，也有助于在中期提升潜在增长水平。

第三篇

中国新常态

如果说全球新常态的主要特征是长期停滞，那么中国新常态的根本特点就是结构性减速。导致结构性减速的主要原因是资源配置效率下降、要素供给效率下降、资本积累面临低效率困境、创新能力滞后、资源环境约束增强以及国际竞争压力加剧。

新常态带来新挑战。以经济增长率下滑至中高水平为外在特征的新常态，将对国民经济运行产生"水落石出"的影响，这不仅会暴露出我国经济运行长期被掩盖的深层次矛盾，而且会引发新的矛盾。产能过剩、负债率和杠杆率飙升、城市化转型、房地产市场转折、"量宽价高"悖论以及全球治理出现新规，便是我们在新常态下面临的主要挑战。

经济减速只是新常态的外在特征之一。全球新常态意味着供应链的重组、经济结构的调整、治理体系的重塑和大国关系的再造；中国新常态则意味着中国经济的"浴火重生"：它意味着对投资驱动和出口驱动增长方式的脱离，对质量、效益、创新、生态文明和可持续发展的追求，还意味着我们将越过中等收入陷阱，迈上中华民族伟大复兴之路。

不过，光辉的愿景绝非唾手可得。我们必须引领新常态，更好地发挥投资的关键作用、启动创新驱动新引擎、更好地发挥政府作用、塑造区域发展与对外开放新格局、向生态文明建设要经济增长、实现包容性增长、提升社会流动性，方能获得成功。

第四章　中国经济新常态：结构性减速

　　波澜壮阔的中国改革开放以及由之创造的"中国奇迹"，是在新一轮全球化浪潮下展开的。与19世纪工业革命之后的第一轮全球化浪潮、两次大战之间的第二轮全球化浪潮相比，从20世纪80年代末开始的第三轮全球化浪潮是真正"全球"的。由于苏联东欧集团解体并普遍推行市场化改革，由于广大发展中国家纷纷推行各种形式的改革开放战略，在本国发展市场经济体系并主动融入全球经济体系，绝大多数国家都卷入了全球化过程并享受了全球化收益。

　　然而，福祸相依是普遍道理。全球化固然让各国的经济活动紧密相联，统一了市场并统一了运行规则，重塑了国际分工体系，从而提高了资源配置效率，但它同时也是一个让世界各国的经济运行和金融风险发生"日趋复杂关联"的过程。从这个角度观察，我们便很容易看出中国经济与全球经济相互关联的脉动：正是在全球"大稳定"时期，中国经济创造了年均增长9.8%的奇迹；同样，正是在金融危机发生后不久，全球经济陷入长期停滞时期，中国经济也步入了中高速增长的新台阶。

　　中国经济增速换档大约可从2009年算起。自那以后，特别是随着2009年大规模经济刺激计划的效果逐渐减弱以及宽松政策的退出[1]，

---

　　[1]　Ouyang 和 Peng（2014）利用半参数的 treatment-effect 模型估计，认为四万亿的经济刺激计划使得随后两年中国的实际 GDP 增速提高了大约3.2个百分点。但是，这个政策效果从2010年开始即已消失，在其模型下，有经济刺激计划的2010年后经济增速与没有经济刺激计划的增速（反事实）没有明显不同。

中国的 GDP 增速就开始明显回落，物价指数也继而在 2011 年开始转向（见图 4.1）。

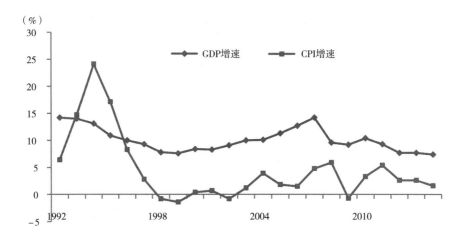

图 4.1　中国 GDP 增长率与 CPI 上涨率

资料来源：国家统计局。

此外，中国经济的减速还可以从未来中国经济增长率预测的角度加以佐证。绝大多数对中国经济增长的预测都认为，未来中国经济的增速将逐步放缓。例如，中国社科院宏观经济运行实验室的预测结果显示，在 2011～2015 年、2016～2020 年和 2021～2030 年三个时期段内，中国潜在增长率区间分别为 7.8%～8.7%、5.7%～6.6% 和 5.4%～6.3%，增速下台阶的趋势甚为明显①。同时，由于经济增长速度是国民经济运行的最综合指标和结果，它的变化，势将带动与其内洽的一系列宏观经济指标也呈现出新的状况。

中国经济进入新常态，固然可以从全球经济的下行趋势中找到一

①　IMF 对中国的预测则认为，2014 年中国经济将增长 7.4%，然后增速逐渐下滑，到 2019 年增速将降至 6.3%，2015～2019 年平均增速为 6.6%。

定的解释，但作为世界上最大的发展中社会主义国家，中国经济的长期走势自有其内在的规律，而且，毫无疑问，基于中国国情的内因显然是主导的。

近来，有关中国经济的新常态，理论界多有探讨。

有观点认为，目前的增速放缓，主要是周期性原因造成。持此观点的一个潜在推论是：周期的低谷阶段过后，中国经济仍会回归并保持较高增长速度，甚至可能回到过去两位数的增长[①]。

例如，林毅夫教授认为，尽管处在转型期的中国经济必然存在许多结构性问题，但近年来中国经济增速的下降主要在于外部的周期性因素。其主要理由是，2010～2013年，许多新兴市场经济体，以及部分高收入国家，如韩国等，经济增速都有所下降，甚至下降程度比中国更加严重。基于此，他认为，这一时期的经济增速下滑是世界普遍现象，只是由于世界经济的广泛联系使中国不能独善其身。在他看来，中国经济增速下滑，更主要是国际经济周期性因素的作用，而不是由于中国经济内部的结构产生了变化。他进一步根据中国发展水平（人均GDP）与世界前沿水平的差距，并参考日本、韩国、中国台湾和新加坡的发展历程，认为，中国和发达经济体的发展水平差异与20世纪50年代的日本、60年代的新加坡、70年代的韩国非常相近，而这些国家在同样的差距水平上保持了20年8%～9%的增长速度，借鉴他们的经验，林毅夫教授认为，中国未来仍有20年年均8%的增长潜力[②]。

---

① 当一些国外学者在论及美国经济重回常态的时候，实际上是指美国的年均经济增长还会回到危机前旧常态下的3%的潜在增长率。但前述关于长期停滞的观点实际上也否定了这一说法。

② 林毅夫：《中国经济增长的可持续性》，载《大碰撞2014》，中国经济出版社2014年版。

有一些学者也对未来中国的经济增速保持较为乐观的态度，但理由和角度可能与林毅夫并不一致。如林毅夫教授在北大的同事卢锋认为，除潜在增速回落、国际经济环境不佳的因素外，目前中国经济增长的下行走势与压力很大程度上与调整早先宏观经济失衡的阶段性因素有关，是由于过去中国特定的发展模式和调控政策积累了很多矛盾，如改革滞后、要素价格扭曲、产能过剩等，我们现在则处在这些矛盾的消化解决阶段，他将其概括为"挤水分"（消化过剩产能）、"去泡沫"（消化房价泡沫）、"控杠杆"（金融部门的去杠杆化）（卢锋，2014）。我们理解，卢峰教授的观点其实与三期叠加中的"前期刺激政策消化期"比较接近，换言之，前期刺激政策的正作用消失和副作用不断释放，部分造成了目前的经济增速下滑。按此理解，在"挤水分""去泡沫""控杠杆"完成后，经济表现或会回到正常轨道①。

复旦大学张军教授也持有类似的观点，他不认为目前中国经济出现的持续减速问题主要是由于潜在增长率显著回落导致的，相反，他认为，这两年经济增长持续低于8%且增速下滑，主要是因为国家在信贷上实施了过于谨慎的政策所致。银行不敢投放信贷，固定资产投资下滑严重，增速从正常年份的25%左右下滑至16%～17%。央行面临的巨大挑战在于，一方面想放水刺激经济，另一方面却又怕重蹈4万亿过度刺激的覆辙，导致货币政策十分谨慎，信贷收紧。从短期看，全球金融危机对中国是个巨大的冲击，造成了经济增速的显著下滑，但这也是一个改革的机遇，从中长期看，改革红利的逐步释放，将促进潜在增长力向现实增长释放。随着新一轮财政与金融改革的不

---

① 需指明在"我们理解"之后的内容是我们的引申。

断推进，城市化和产业升级将加快步伐，投资需求和消费需求也将持续释放和升温，中国的经济增速就可能恢复到潜在增长率水平。因此，他认为，当前中国经济虽然遭遇挑战，但"新常态"未必会成为常态（张军，2014）。

在 2014 年视察河南的过程中，习近平主席首次提出了"三期叠加"的判断，即，自 2009 年以来，中国经济基本结束了长达 30 余年的高速增长时期，进入了增长速度换档期、结构调整阵痛期以及前期刺激政策消化期三期叠加的阶段。我们以为，这一概括不仅明确划出了中国经济发展的新阶段，而且精当地指出了发生这一转变的主要原因。进一步分析，在增速换档、结构调整和消化前期政策效应三者间，核心因素显然是增速换档和结构调整，因为，消化前期政策效应，既非实体因素，亦不会延续许久。如果我们进一步分析速度变化和结构调整的关系，那么很显然，增速换档是现象，结构调整是原因。这样，用"结构性减速"来刻画中国经济新常态，当属逻辑严密的概括。进一步，我们可以把分析的眼界扩展到包括过去 30 余年的更长的历史时期上，于是我们发现：结构变化也能成功解释我们过去 30 余年经济高速增长的原因。在我们看来，过去 30 余年中国经济增长的奇迹，主要就是通过改革开放不断调整我国的经济结构而产生的，因此，我们可以适当地将过去 30 余年的经济增长称作"结构性增速"；如今所以出现减速，无非是因为国民经济的结构正在向另外的方向发生变化。

换言之，当前中国经济已经从过去 30 余年的"结构性增速"转向了未来一段"结构性减速"的时期，我们很难再回到旧常态下的潜在增长率水平，一位数的增长率将成常态，且增速存在较大的进一步下滑可能。

事实上，国内已有学者从另外的角度做过了类似的分析。白重恩和张琼就从全要素生产率角度对中国潜在增长率的动态做了分析，他们的研究（白重恩、张琼，2014a；Hoffman 和 Polk，2014）发现，全要素生产率（TFP）增速和人力资本增速的下滑，是全球金融危机以来中国经济增长速度放缓的主要原因①，而资本要素的贡献在危机前后并未有明显差别。这意味着，当前的增速下滑更多是结构性因素造成的，是潜在增长率下降的结果，而不是现实增长率与潜在增长率的短期偏离。这样看来，支撑危机后中国经济增长的主要因素是资本要素的积累（投资）。这一定程度上佐证了我们的结构性减速的判断。

本书聚焦于结构性减速来展开对中国经济新常态的探讨，我们认为，新常态的其他特点，或由结构性减速衍生，或者只是结构性减速所带来的问题和挑战。我们认为，结构性减速的原因大致可以概括为六点：一是资源配置效率改进空间缩小；二是劳动供给下降，人口老龄化加剧；三是资本积累面临低效率困境；四是技术提升效率下降；五是资源环境约束增强；六是国际竞争压力加大。

下面，我们将分别对这六个方面进行简要地讨论。

一、资源配置效率下降

经济增长是由很多因素以某种方式组合起来共同发生作用的结果，这就是经济增长的结构问题。相关的结构可以列出很多，其中最重要者之一，便是一、二、三次产业结构。在过去 30 年里，中国产

---

① 由于人口结构变迁导致劳动供给增长放缓乃至劳动供给绝对下降，同时由于普及义务教育以及扩招影响，居民教育水平基础已较高，教育水平提升速度放缓。

业结构的变化趋势是：一产比重下降，二产比重迅速提高，三产份额缓慢增长。与此对应的，正是我国的工业化过程。它表现为大量的劳动和资源从劳动生产率低的一次产业即农业、种植业等，向劳动生产率高的二次产业即工业、制造业、建筑业转移。统计显示，在中国，制造业部门的劳动生产率大约相当于农业部门的 10 倍。基于此，人口大规模向以制造业为主的二次产业转移，便意味着国民经济整体的劳动生产率日益提高，经济增长速度随之加快。此即"结构性增速"。但是，经过 30 余年的发展，我国第二产业已趋饱和，大量人口和资源要向以服务业为主的第三产业转移。然而，我们的研究显示，中国服务业的劳动生产率远远低于制造业，前者只相当于后者的70%。基于这样的差异，当越来越多的人力和资源从制造业转移到服务业之时，中国经济总体的劳动生产率必将下降，由此累及经济增长的速度趋于下降。很清楚，所有这些变化均非周期性的，更不是政策性的，而是经济成长阶段移转使然。这是一个自然的、发生在实体层面的过程。从国际上看，服务业的劳动生产率低于制造业，是一个普遍规律，因此，当资源发生从制造业向服务业转移的过程时，整体经济的劳动生产率（增速）必然下降。在历史上，发达经济体也都经历过类似的过程，只不过，由于中国的服务业大都处于低端，这种生产率的差距尤甚。① 因此，当我国的经济结构从制造业为主向服务业为主转移之时，全社会劳动生产率下降，进而引发经济增长减速②，就是一个令人沮丧但必须面对的事实。

---

① 由于服务业中的许多种类是不可贸易的，因此，这些领域中的国际竞争压力不大，这也是导致很多服务业部门的效率相对低下，而且提高速度缓慢的原因。

② 三次产业结构的这种变化对经济增速的影响在发达国家的发展进程中同样发挥了重要作用（袁富华，2012）。

从人口的空间分布看。传统体制下我国人口极度缺乏流动。市场经济发展起来以后，人口的流动性开始提高，人们从农村进入城市，从中西部向东部聚集。由于这个过程同时伴随着劳动生产率的提高和就业率的提高，从而大幅提高了我国劳动力的配置效率。然而，发展到今天，当数以亿计的人口已经从落后的农村转移出来以后，中国人口空间分布改善的潜力已经大大缩小。以人口的城乡分布为例，虽然目前我国按户籍计算的城市化率只是略高于50%，似乎潜力还很大，但是，当我们的分析视野进入年龄结构之时，就会发现，我国人口再配置的空间其实已经很小。因为，能够向城市转移的人口局限于青壮年劳动力，而正是这个层次的农村人口，已经大部分实现转移了，而目前留守在农村则是所谓的"三八六一九九部队"①，对于这些人口来说，迁移和流动的难度很大是可以想见的，即便实现流动，他们迁移所实现的边际资源配置效率的提高相对要小许多。

关于资本配置，可以有两个分析角度。其一是资本供给及其同需求的关系。由于无通货膨胀的资本供给决定于国民储蓄率，所以，需要讨论的实际上是国内储蓄同国内投资的关系。其二是资本配置的机制。讨论的是市场配置和行政配置何者发挥更重要的作用。应当说，中国经济最大的成就，是在改革开放之初便将动员储蓄置于经济建设最重要的位置上，并使国民储蓄率逐年提高。1994年之前，中国具有典型的发展中国家特征，即储蓄率十分低下。由于投资需求旺盛，远超储蓄的供给能力，国内经济始终承受着巨大的通货膨胀压力。1992年党中央宣布在国内实行社会主义市场经济体制。这一体制变化产生了巨大的动员储蓄的作用，基于人口红利以及持续推进的工业

---

① "三八六一九九部队"指妇女、儿童和老人。

化和城市化，中国的储蓄率于 1994 年历史性地超过了投资率，这种格局一直保持至今（见图 4.2）。然而，2009 年以来，由于人口红利渐趋消失、传统工业化接近尾声和城市化进入提高质量的新阶段，中国的国民储蓄率在达到峰值后开始下降。这一变化，将使得新常态下可用的资本来源相对减少。就资本配置机制而言，30 余年来，我们经历了一个从完全的计划分配向市场分配逐步转型的过程。但由于政府对经济生活特别是金融资源仍有强大的控制力，即使到当下，资本配置的效率仍存在较大的改善空间。导致中国资本配置低效和扭曲的因素十分复杂，分析起来，在经济主体上过于偏重国有经济部门而对非国有经济部门存在歧视，在配置机制上仍然存在行政因素而市场机制有待强化，在配置手段上过于倚重数量分配而忽视价格（利率）引导，是导致资源配置效率不高的三大主要因素。应当说，在新常态下，

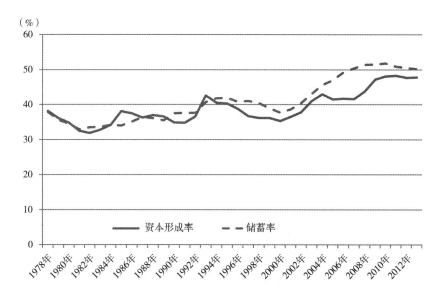

图 4.2 中国的储蓄率和资本形成率

资料来源：国家统计局。

通过改变资本配置机制，我国还存在提高资本配置效率的潜力。总结以上，由于影响资本配置效率的两大因素存在着相反的发展前景，我们也不大有指望在未来提高资本配置的效率。

总的来说，如果要素能够自由、快速地流动，在一个信息充分的市场导向下，要素通过市场之手自然就可以得到更优的配置，从而促进效率提高。中国当前要素配置效率提高困境的症结，主要还是体现在非市场的制度层面。例如，由于户籍等制度因素限制，影响人们迁移和就业的自由，进而阻碍了人力资源的优化配置①；由于对国有企业的隐性担保和制度倾斜，可能导致社会资源向低效率的国有企业聚集；由于许多行业存在进入限制，特别是存在对非国有企业的进入限制，可能导致抑制竞争和低效的结果②；对土地要素的用途、交易（尤其是农村土地）和建设用地配额等方面的限制，阻碍了土地要素的优化配置；等等。然而，正是这些问题存在，使得中国的资源配置效率依然有很大的提升空间③。然而，毋庸置疑的是，只有在各个领域的改革扎实推进的前提下，资源配置效率的潜能方能变为现实。

---

① 目前关于中国户籍制度改革的讨论，大多集中在取消户籍制度可能导致的福利均等化以及由此引起的财政负担。这种讨论更多讨论成本问题，而忽视了制度变革带来的进一步优化劳动力配置、提高经济效率的全面影响（都阳等，2014）。

② 罗德明、李晔和史晋川（2012）对我国制造业企业的研究显示，国有部门受益于政府制造的要素市场的政策扭曲，包括更低成本的要素投入（如资金成本）、税收和政府补贴、受约束的进入和退出决策（低效的国有企业由于保护而不退出市场）等。其研究计算认为，约有80%的效率损失可归结为政策扭曲对企业生产率的直接影响。若能克服这一扭曲，则加总的企业全要素生产率将提高9.15%，人均GDP将提高115.61%。

③ Hsieh和Klenow（2009）的研究认为，如果中国企业间的资本和劳动错配程度下降，资源配置水平提高到美国的程度，则制造业的TFP能够提高30%～50%。

二、人口红利式微

　　劳动、资本和技术进步，是支撑经济发展的三大要素。在过去30余年中，每年数以千万计的劳动力从闲置、半闲置状态转而投入制造业，是支撑我国高速增长的主要动力。此即人们熟知的"人口红利"[①]。但是，近年来，中国劳动供给整体上已经放缓，人口老龄化趋势明显，人口抚养比上升，传统意义上的人口红利即将终结，劳动力成本随之上升。我们的计算显示，2004~2010年，中国制造业的单位劳动力成本上升了约16.9%。[②] 尽管从绝对水平看，中国制造业仍然具有单位劳动力成本低的优势，但成本的快速上升已经开始削弱这一优势，并对中国制造业的国际竞争力形成不利冲击。在未来相当长时期中，在劳动投入增长率趋降的背景下，摩擦性失业、结构性失业将与某种程度上的"用工荒"长期并存。[③]

　　为了分析人口因素对经济增长的作用，我们不妨首先分析日本在与中国相同发展阶段上发生的若干典型性案例。图4.3给出了日本的15~64岁人口占比、15~19岁人口占比以及同期日本的经济增速。其中15~64岁人口占比衡量了总劳动人口供给，而15~19岁人口占比则衡量了新增劳动人口的情况。从图4.3中可见，日本的劳动人口

---

　　① 人口红利（Demographic dividend），在经济学上，是指因为劳动人口在总人口中的比例上升，所伴随的提升经济增长的效应。劳动人口占比的上升会提升经济的总劳动供给，加强人力资本，提高储蓄率，从而达到促进经济增长的作用。从经济发展史上看，这种人口红利期经常可以持续20~30年的时间。

　　② 同期，德国制造业单位成本上升了4.4%，韩国上升4.8%，美国和日本甚至分别下降了4.6%和3.7%。

　　③ 自2009年以来，中国劳动市场上的"求人倍率"持续性超过1。

占比在 1961～1969 年基本保持上升态势，这一时期日本的 GDP 增长率也保持在将近 10%。20 世纪 70 年代开始，日本的劳动人口占比略有下降，但 1970～1990 年仍基本保持在 67%～69% 的高水平上。这一时期日本的经济增速从 20 世纪 60 年代的约 10% 迅速降低到 70 年代初 4%～5% 的水平，增速几乎较前期对折。平均约 4%～5% 的经济增长速度一直保持到 20 世纪 80 年代末。进入 90 年代，日本经济增速再次对折，迅速下降到不到 2% 的水平。同一时期，劳动人口占比也开始进入长期下滑过程。15～64 岁人口占比与日本 GDP 增速的相关系数达到 0.23。

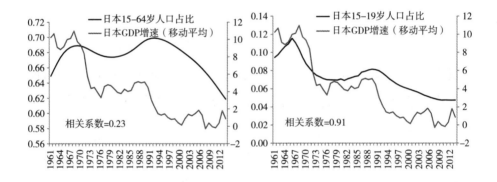

图 4.3　日本的人口年龄结构和 GDP 增速关系

注：为了使数据更平滑，避免波动影响分析，图中 GDP 增速使用五年移动平均处理。

资料来源：日本统计局，CEIC。

图 4.3 显示，与 15～64 岁的总劳动年龄人口相比，新增劳动人口（15～19 岁）与经济增长的关系或许更加密切。如图 4.3 所示，其与经济增长的相关性更高，相关系数达到 0.91，且经济增速和人口结构的转折点贴合的更加紧密。原因在于，人们在超过 64 岁后并不会立即退出劳动市场，即使是通过无法体现在 GDP 中的家务劳动也

会创造价值，并且，15～64 岁人口不能反映不同年龄层次人口在劳动效率上的差异。而新增劳动人口由于是人力资本的纯增量，因而与经济增长关系更为紧密①。

　　当然，日本与中国的具体情况有所不同，不可简单类比。一方面，日本增速第一次下滑（20 世纪 60 年代末到 70 年代初）时，其与世界发展水平前沿的差距要小于当前中国与世界前沿的差距：1969年，日本人均 GDP 已相当于美国的 34.8%，而在 2013 年，中国人均GDP 仅为美国的 12.8%②。现在，中国人均 GDP 与美国的差距甚至要大于日本在 1960 年的水平。因此，从这个角度看，中国 GDP 增速下滑的程度应低于日本当年的下滑水平，至少不会像日本那样速度腰斩。但另一方面，从人口结构看，中国人口红利消失的速度和程度可能要大于日本，见图 4.4，日本在 20 世纪 70 年代至 90 年代 15～64岁劳动年龄人口占比基本稳定在约 68% 的水平，80 年代甚至有所升高，但中国的劳动年龄人口占比从 2010 年开始下降后，并没有这样一个稳定的平台期，而是不断下滑。15～19 岁新增劳动人口占比则从 2007 年即开始下滑，预计将一直下滑到 2018 年。据预测，2018～2030 年，这一比例将保持在 5%～5.5%，之后又开始逐步下滑。相比而言，日本在 1970～1990 年的这一比例平均达到 7.5%。造成这种差别的原因，部分是因为中国在新中国成立后的 60 余年中，大约以30 年为界，经历了完全不同的两种生育模式：前 30 年生育率极高，后 30 年则生育率急降。这种台阶式下降的人口生育模式，造成了我国人口领域的"排浪式"变化格局。应当说，这种状况，其他国家并

---

　　① 经济增长也是增量概念，若假定资本和技术等条件无变化，则经济增长完全取决于新增劳动。

　　② 这里的比较均使用名义值而没有用购买力平价。

无现成的应对经验可循，这对我国无疑构成极大的挑战。

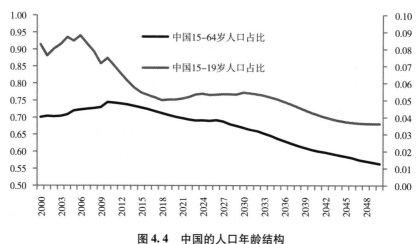

图 4.4　中国的人口年龄结构

注：15—64 岁人口占比为左侧坐标轴，15—19 岁人口占比为右侧坐标轴。

资料来源：2000—2010 年数据来自《中国统计年鉴》，2010 年后数据为作者预测数，见李扬、张晓晶、常欣等：《中国国家资产负债表 2013：理论、方法与风险评估》，中国社会科学出版社 2013 年版。

劳动力，特别是新增青年劳动力的下降，不仅减少了劳动要素的供给，同时还制约了创新和创业。毫无疑问，自然规律使得不同年龄段的人口创新能力存在较大差别——人们总是在年轻时更富有创造力。但是，创业能力是否完全与年龄呈反向变动，却并不容易说得清楚。由于资本积累也是创业的条件之一，因此，人们发现，由于资本积累与年龄呈正相关，因此，年龄越大，创业能力越强。当然，在人们成长的过程中，可能存在某个阈值，在此之前，人们的创业能力越强且创业意愿越大，创业概率越高，但过了这个阈值，随着激情的下降，其创业意愿也随之下降，创业概率也开始下降。例如，Liang 等（2014）的研究就发现，人们创业概率最高的时候大约在 30 岁，之后将会逐渐下滑。此外，不同年龄人口的创新和创业的质量也不一样，年轻人的创业和创新质量更高，等等。我们可能无法详述人口结构与经济活动各方面的关系，但无论如何，有一点可以肯定：人口结构对于创新以及经济发展至关重要。

因此，靠政府主导干预配置和动员资源以获得赶超效应的高速增长阶段行将结束，我国的经济增长要全面转向以提升劳动生产率为主导的内生发展方式。而要提高劳动生产率对于经济发展的贡献，减轻劳动人口下降对于经济增长的拖累，自然的做法是提高人们的教育水平和劳动技能。不过，这会是一个漫长的过程，特别是，社会教育水平和劳动技能的提高很大程度上依赖在校学生的最终教育水平和劳动技能的提高而实现，很难要求一个已经四五十岁的人再去大幅提高教育水平和劳动技能，这使得这一过程尤其缓慢。

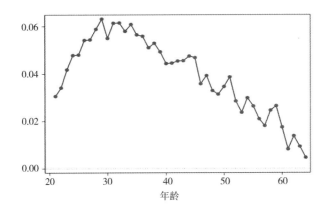

图4.5　年龄与创业倾向

资料来源：Liang, J., Lazear, E. P., & Wang, H.（2014），"Demographics and Entrepreneurship", National Bureau of Economic Research, No. w20506。

三、资本积累的低效率困境

如前所述，一些基于增长核算的研究发现，经济危机以来，全要素生产率和人力资本增速的下滑，是导致我国增速下降的主要原因，而资本积累则是支撑中国高增长的主要生产要素。然而，若做长期深入分析，中国的资本积累情况也并不乐观，主要问题在于：中国资本积累的效率越来越低。图4.6给出了中国与一些发展中国家和发达国家边际资本产出的国际比较。

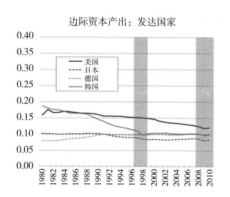

图4.6 边际资本产出的国际比较

资料来源：Wu, H. X. (2014) , "China's Growth and Productivity Performance Debate Revisited-Accounting for China's Source of Growth with A New Data Set", The Conference Board。

在本章第一节中我们已经从资源配置效率角度对资本动员能力与我国经济增长的关系做了探讨。作为最重要的生产要素，资本还以其质量影响经济增长。我们所说的资本质量是资本积累效率的又一种说法，其度量指标是资本的边际产出。资本边际产出所以重要，是因为，我们之所以投资于资本，是由于积累资本的目的是为了在将来给我们带来更多的产品和服务的回报，从而增进人们的福利，因此，边际产出越高，资本积累的效率越高。从图4.6可见，中国的资本边际产出率在上世纪基本与其他发展中国家水平接近，但从上世纪末开始，走势出现背离：中国的资本边际产出不断下降，而巴西、印度、泰国等则保持基本稳定或略有上升。目前，中国的资本边际产出已经下滑到接近发达国家的水平。[①]

对于这种现象有几种可能的解释，对于中国的含义，有喜也有忧。

其一，相对于中国目前的技术水平和人力资本，资本积累存量过高了，从而降低了资本的边际回报。同时，在相对较低的资本边际回报下，中国还能有如此高的投资水平，体现了中国赶超型经济的一些典型特征，如高储蓄率、高投资率、金融和资源领域的扭曲性配置等。这意味着，中国的高投资，并不是由于资本具有高回报，而是由投资的低成本引致。例如，在中国，金融抑制导致的低资金成本、政府在重要资源领域的价格管控使得成本降低、管制较严的土地制度使得土地特别是工业用地价格低廉、经济竞争"锦标赛"促进了投资，等等。这些典型特征，一方面是过去中国经济快速发展的成功要素；但另一方面，由于它们大多因政府对经济的干预造成，不免存在扭曲，便一定程度上造成了投资和资本运营的低效率，于是，在未来，这些要素很可能会成为中国提高资本效率的阻碍。

其二，中国的资本积累存量或许并不高，但资本的效率低下，导致边际产出较低。尤其是上文所讨论的资本的低配置效率问题，阻碍了资本优化配置和效率改进的进程。如果这些扭曲的制度性因素得到改革，一方面，资本的使用效率会得到改进；但另一方面，则可能导致中国投资率的降低。例如，若金融抑制得到改善，利率市场化改革深入推进，资金的配置效率无疑会提高，但也很可能会抬高银行的资

----

① 白重恩和张琼（2014b）利用中国省级数据估算的资本回报率研究也证实了中国资本积累效率的不断下降。在2008年，中国的资本回报率达到21.11%，而到2013年资本回报率已下降至12.36%。并且，他们的研究发现政府干预程度和投资率对资本回报率有明显负向作用。

金成本并最终提高借款者的资金成本，从而降低资本积累率。其他如重要资源领域的价格改革、土地制度改革等，也很可能起到这样的效果。

其三，资本积累也分不同类型，有的是生产性资本，如机器设备，有的则是非生产性资本或生产性较弱的资本，如住房，后者能带给人们长期的服务流，但不能用以生产新的产品。因此，如果中国过去的投资和资本形成中生产性较弱的资本占比较高，那么便可预期其资本产出率较低。

不断降低的资本边际产出（资本回报率）警示我们：中国已经、至少即将陷入资本的低效率困境，并且，直到现在，我们仍未看到资本边际回报改善的迹象。如果这种状况持续，那么很可能对我国的资本积累形成硬的约束，即使我们无视投资的低效率，继续强力地通过高的投资率来短期提高经济增长率，长期来看，供给端的约束仍会强硬地限制经济发展。并且，从资本积累的"黄金律"准则看，这种高积累模式实际降低了人们的福利水平。要提高资本的回报则有两个途径，一是提高技术水平和人力资本水平，从而提高资本的边际回报；二是如前面资源配置效率部分讨论的，调整分配资本和投资的方向，让市场引导资本流向更有效率的企业和行业。

四、创新能力滞后

中国早已跨越了贫困陷阱（Poverty Trap），现正面临中等收入陷阱（Middle Income Trap）的挑战。依据南非、巴西等陷入中等收入陷阱的国家的经验，在本国工资成本大幅上升时，本国的经济体系能否从低附加值的产品市场成功升级进入高附加值的产品市场，让自己的产品在国际市场富有竞争力，是能否成功跨越中等收入陷阱的关键。在这里，技术进步，特别是生产效率和产品创新能力的提高，发挥着关键作用。

这种转变过程引申出一个深层次问题，即：一个国家在与世界技术前沿差距较大时，生产效率的提高相对更加容易。通过引进和模仿生产技术、加强基础设施的投入、雇佣低成本的工人、建立足够大的企业以使其规模效应可以降低资本的平均成本，就比较容易实现一个在国际市场有竞争力的生产效率。这种生产效率提高型的技术进步通常伴随着投资的高速增长，Acemoglu 等（2002）将这种后发国家的技术进步模式称为"投资战略"（Investment-based Strategy），日本、韩国等国家在第二次世界大战后初期的高速发展，即是这种模式的完美体现。但是，当一国技术水平较世界前沿差距缩小时，引进前沿生产技术变得更为困难，生产成本、特别是低劳动成本的优势会逐步丧失，这时，要提高经济发展水平，就依赖于本国的产品创新效率，这时技术的进步就更加依赖于"创新战略"（Innovation-based strategy）。相比而言，投资战略更侧重于生产效率的提高，而创新战略更侧重于创新效率的提高。

创新效率的提高，高度依赖一个国家存在良好的人力资本水平和促进创新发展的经济和社会环境。这个经济和社会环境不仅包括知识产权的保护、对科学研究的支持等与创新直接相关的活动，还包括自由、民主、开放的社会，包容性制度环境，对个人价值的尊重等非经济性内容。许多研究发现，当一个国家的经济越靠近世界技术前沿时，自由、民主、开放的社会环境对技术进步的影响越大[1]（Aghion，

---

① 过去的一些研究发现，社会民主程度对经济增长没有明显影响，甚至有轻微负向影响。这部分是因为，如果一个国家在发展初期，经济增长很大程度上依赖投资战略来实现生产效率的提高，那么，一个强势的政府在一定程度上能更高效地组织和整合资本、劳动、土地等生产要素，从而提高投资的执行效率。

Alesina 和 Trebbi，2007；Acemoglu，Akcigit 和 Celik，2013）。由于存在庞大的人口规模和良好的教育基础，中国在人力资本方面不存在大的问题，但在促进创新发展的经济和社会环境方面则有较大不足。这方面的欠缺，可能会成为我国创新效率提高的阻碍。

从历史数据看，我国经济的生产率进步对经济增长的贡献在经济危机以来已开始下降（见图4.7）。1991～1995年，由于邓小平南方谈话和市场经济的进一步发展，全社会的创新热情被大大激发，致使这一时期的经济增长中有较大部分归因于全要素生产率（TFP）的增长贡献，但是，在1996～2000年，由于亚洲金融危机的影响，这一时期TFP对经济增长的贡献甚至为负。TFP增长最为快速的时期是2001～2005年，这一时期也是中国对外开放的高峰，由于加入世贸组织，大量外资企业通过FDI方式进入中国，通过本身的高技术水平和技术溢出，明显提高了我国经济的全要素生产率水平，出口在这一时期快速增长。但在2006～2010年，受次贷危机影响，TFP的贡献有所

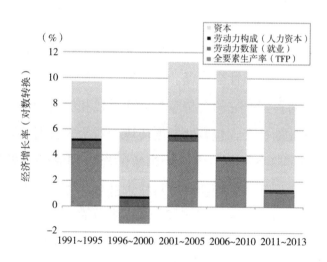

图4.7 中国经济增长的分解

资料来源：*The Conference Board Global Economic Outlook 2015*。

缩小，令人担忧的是，2011~2013 年，TFP 的贡献进一步下降到略大于一个百分点，经济增长更加依赖资本要素的积累。

总而言之，改革开放 30 余年来，我国经济一直处于赶超进程之中。赶超所以成功，得益于我国的起点太低，导致技术学习效率较高。然而，随着逐步走向技术前沿，我国的技术学习效率趋减，并导致技术进步放缓。更重要的是，随着我国越来越接近科技前沿，我们必须从依赖技术进口转向自主创新。正因如此，习近平总书记最近在谈到我国未来经济发展的关键所在时，才连续说了三个创新："创新，创新，再创新"。可见，在总书记看来，经济发展从要素驱动型转向创新驱动型，对于中国经济在新常态下的发展，具有关乎前途命运的决定性影响。

五、资源环境约束增强

在传统的概念中，资源几乎取之不竭，而环境则可视而不见。但是，这至多只是经济处于极低水平下的假象；一旦经济迈上发展之路，资源环境的约束几乎立刻显现。

首先，在能源上，由于粗放的发展方式和能源结构，近年来我国原油、煤炭等消费量的绝对规模和在世界总量中的占比都持续上升，新增需求规模占世界比例则更高。由于中国自然资源相对匮乏，这类能源产品的对外依存度均相对较高。同时，由于使用效率低下，单位 GDP 的能源消耗居高不下。例如，2012 年我国能源消费量 36.2 亿吨标煤，消耗了全世界 20% 的能源。单位 GDP 能耗是世界平均水平的 2.5 倍、美国的 3.3 倍、日本的 7 倍，同时高于巴西、墨西哥等发展中国家。中国每消耗 1 吨标煤的能源仅创造 14000 元人民币的 GDP，而全球平均水平是消耗 1 吨标煤创造 25000 元 GDP，美国的水平是创造 31000 元 GDP，日本是创造 50000 元 GDP。同时，在中国的能源消费结构中，煤炭占 68.5%，石油占 17.7%，水能 7.1%，天然气 4.7%，核能占 0.8%，其他占 1.2%，煤炭占比过高，造成了更加严重的污染问题。在其他原料消耗方面也是如此，经济增长——特别是粗放式的工业化和城镇化导致铁矿石、铝土矿、天然橡胶等大宗工业原料的消费量激增，这不仅全面绷紧国内的供求关系，而且给国际市场带来巨大压力，致使我们陷入"买啥啥涨"的尴尬境地。

其次，在多年"重发展，轻治理，先污染，后治理"的发展方式下，我国生态环境遭受了严重的、甚至不可逆转的破坏和污染。治理污染需要大量的资金投入，这在一定程度上是经济的净损失，主要由政府来投入，但资金来自于政府的税收，因此最终仍由企业和居民承担。而如果要从源头上通过降低排放来治理污染，包括使用更高技术的设备、使用更加清洁的能源类型，则会直接带来技术上的难度加大和成本提高。无论是哪一种方式，要治理污染，保护生态环境，都会带来经济、特别是工业的减速[1]。客观地说，我国环保欠账十分严重，特别体现为政府在环保上的投入明显不足。根据环保部环境规划研究院的《中国环境经济核算研究报告 2010》显示，2010 年，全国生态环境退化成本达到 1.54 万亿元，占 GDP 的比例超过 3.5%，其中，环境退化成本 11032.8 亿元，占 GDP 比重 2.51%；生态破坏损失（森林、湿地、草地和矿产开发）4417 亿元，占 GDP 比重 1.01%。

---

① 当然，治理污染、保护环境从经济角度并不全是坏事，比如环保产业会因此而更加兴旺发达，受到抑制的工业也可能通过服务业的发展而得到补偿。

虚拟治理成本[1]达到5589.3亿元，占GDP的比例约为1.4%。而根据财政部的数据，中国政府财政支出中环境保护支出占GDP的比例在近几年只有0.6%。两相比较，我国在环境治理上存在巨大的缺口。

再次，从世界发展看，历史上，18、19世纪崛起的现代化国家，其人口规模不过千万级；20世纪崛起的现代化国家，如日本等，人口规模则上亿级；而目前来看，21世纪将崛起的国家，特别是中国和印度，人口规模将达到十亿级。这意味着，随着新兴经济体和发展中国家全面崛起，未来中国和世界将面临着空前的资源压力。

特别地，在同样的技术水平下，生产相同的产品，不同国家的生产对资源和能源的消耗以及污染的排放，一般不会有太大不同。造成人均或每单位GDP资源和能源消耗的巨大差异的原因，主要来源于两个层面：一是产业结构的不同导致的排放差异。发达国家普遍处在后工业化阶段，服务业等产业在经济中占比更高，高耗能高污染的工业少。这种与发展中国家在产业结构上的差异，使得他们在生产中的污染和排放更少。反观我国，华北地区有如此严重的雾霾污染问题，很大程度上要归因于产业结构过于偏重高耗能高污染的重工业，根据国家统计局的数据计算，2011年京津冀三地的粗钢产量占全国粗钢产量的比例达到27.4%，占全球粗钢产量的比例达到13%[2]，在这样的产业结构下，出现大范围、严重的雾霾也就不足为怪了。二是生活中能源和资源消耗的差异。生活方式的不同，会导致资源的消耗和污

---

[1]　所谓虚拟治理成本，是指目前排放到环境中的污染物按照现行的治理技术和水平全部治理所需要的支出。这是治理污染成本的最低估计，其他的环境退化和生态破坏带来的损失并未完全包含在虚拟治理成本中。根据环保部环境规划研究院历年的研究情况看，虚拟治理成本占中国GDP的比例约在1.5%左右。

[2]　其中北京和天津由于如首钢搬迁等产业结构的调整，钢产量很少，京津冀的粗钢基本都是由河北生产。

染出现很大差别（即使在同样的收入水平下也是如此）。根据 Glaeser（2011）的研究，即使在美国最绿色的城市地区，汽车和家庭能源使用所产生的碳排放仍然要比中国城市的平均水平高出 10 倍以上，如果将中国和印度的人均碳排放提高到美国的人均水平，则全球的碳排放将提高 139%。因此，让中国人和印度人将来收入提高后也采用美国人高能源消耗的生活方式，是不可想象的，地球将会不堪重负。但根据测算，如果不采用美国的生活方式，而采用比如法国的生活方式，倘若中国和印度的人均碳排放提高到法国人的水平，则全球的碳排放仅仅将提高 30%。因此，资源环境的约束对中国而言，一方面是要降低生产过程中的资源消耗和排放，另一方面则是要遵奉低消耗低排放的生活方式。就社会总体而言，这显然就需要我们将城市化的水平和质量置于更重要的地位，大规模采用低能源消耗的交通方式和低能源消耗的居住方式。

六、国际竞争压力加剧

经过 30 余年高速发展，中国已基本改变了贫穷落后面貌，正向着全面小康的美好愿景前进，然而，不可回避地，新的问题接踵而来。就经济结构而言，我国目前正处于从产业链低端向产业链中高端升级的阶段，这一发展阶段面对的局面可谓前有堵截后有追兵：一方面，我们要与发达经济体主宰的高端产业竞争，争取占有一席之地；另一方面，其他发展中经济体如印度、越南、印尼等正在产业链的中低端与我展开激烈的竞争。这种两面作战的困境，极大地制约了中国的经济增长，成为导致结构性减速的又一因素。

　　逐步放弃和退出低端产业链，是中国经济进一步发展的必然选择。因此，面对追兵的最优选择是迅速前进，尽快拉开同他们的距离。通过提升竞争力跻身全球产业链的高端，对我国来说命运攸关，因为这决定了中国能否真正实现转型升级，能否摆脱中等收入陷阱，能否最终成为现代化的发达国家。

　　目前，我国与发达经济体的竞争主要体现在技术前沿与国际规则两个方面。技术前沿方面，第三次工业革命将重构发达经济体与新兴经济体在国际分工中体系中的地位及利益分配格局。如所周知，第三次工业革命的代表性趋势是网络化、智能化和服务化，目前，发达经济体仍引领着这一潮流。若不打破发达经济体对这些前沿的垄断，广大发展中经济体的低成本劳动力比较优势将进一步丧失。这是因为，制造环节的劳动贡献将会被压缩和边缘化，取而代之的是数字化、智能化、创意和设计。这种新的分工和利益分配格局，将可能使发达经济体在新一轮工业革命中重拾制造业优势，给尚处于传统意义上工业化中后期的中国带来重大挑战。在国际规则方面，2007 年国际金融危机爆发之后，全球范围内展开了再平衡与结构调整的竞赛。发达经济体不满于传统全球化的模式，欲重塑全球化格局。特别是在经贸和国际投资领域，美欧试图通过改变规则提高其自身优势，并在客观上形成对中国不利的国际竞争局面。其做法包括：给中国贴上"国家资本主义"标签，试图通过确立"竞争中性"原则来降低政府对经济活动的支持和中国企业在国际上的竞争优势。考虑到中国经济快速增长会带来能源消耗和碳排放的增加，试图通过气候谈判确立碳排放规则对中国施予更大的减排压力，极力阻挠中国主张的"共同但有区别的责任"的原则成为国际谈判的基础。为防止中国的技术赶超和中国政府对自主研发的支持，以美国为首的发达国家一方面维持对中国的技术管制；另一方面试图在国际知识产权保护等方面制定有利于发达国家的条款。在中国国内，他们则力促中国政府在知识产权保护和政府采购方面消除对外资和外国品牌不利的条款。

考虑到中国的产业结构和经济规模，在国际竞争中，我国的主要竞争对手将仍是美国、欧盟和日本等国。这些国家当然不会坐视中国来赶超。除了在国际贸易、投资等方面与中国展开竞争、在国际规则方面约束中国的发展，与中国在中共十八届三中全会对改革做出全面部署一样，他们也纷纷推出自己的结构性改革计划与长期增长战略，改革竞争的序幕悄然拉开。

美国于 2009 年提出《美国创新战略：确保我们的经济增长与繁荣》，并于 2011 年作了更新。该战略涉及三大方面：一是投资于美国创新的基本要素如劳动力、科研及基础设施；二是推进以市场为基础的创新，促进形成一个有利于创新和创业的全国性环境，使美国企业推动经济增长，在全球舞台上继续领跑；三是催生在国家优先领域的突破，包括开发可替代能源、利用医疗信息技术降低成本并改善护理、促进教育技术的进步，以及确保美国在生物技术和纳米技术等前沿领域保持领先。这一战略在美国获得朝野的一致支持，就连一直强调凯恩斯主义需求扩张政策的萨默斯也认为：要想使美国重新走上长期持续发展之路并保持世界领先，仅仅有需求面的政策远远不够。在他看来，长期停滞的唯一解决方法在于大胆的改革，包括鼓励创新创业、促进教育发展、增强劳动市场弹性、延长退休年龄、改革移民政策和变革企业税制等。从这些主张中，我们已能闻到里根经济学的气味了。

欧盟尽管经济乏善可陈，但在规划未来发展方面亦不甘落后。2010 年，欧盟提出"欧洲 2020 战略"，涉及四大方面：一是大力提高教育质量、增加研发费用和调整研发投入的重点领域，为私营部门研发投入创造良好的经营环境，加强研发成果的市场化和商品化进程。二是实现以发展绿色经济和提高能源使用效率为主的可持续增长，包括提高可再生能源消耗比例，加大在清洁、低碳技术上的资金投入，采取积极措施保护环境、应对气候变化，并借以创造新的商业和就业机会。三是提高劳动力市场弹性、增加劳动参与率、提高就业率，已经采取的措施包括：促使 20～64 岁的劳动人口就业率从现在的 69% 提高到 75%，提高妇女、年长者的就业率，以及更好地吸纳移民加入欧盟的劳动力市场等。四是根据各国的贫困标准，力求将欧盟生活在贫困线以下的贫困人口减少 25%（也就是把面临贫困威胁的人数减少 2000 万人），实现包容性增长。欧洲央行行长德拉吉近期表示：关于欧洲的结构性改革，风险在于做得不够而不是做得太多。

日本的新增长战略则是指安倍经济学的"第三支箭"（前两支分别为量化宽松货币政策与财政扩张政策）。该战略包含了产业再生计划、战略性新市场创建计划及国际化计划。归纳起来有：一是重塑产业竞争力。通过实施新税制，促进民间企业增加设备投资；激活 IT 网络融资和风险投资，支援创业，提高开业率水平，推动企业加速重组和兼并；进一步大幅度放松管制，提升日本 IT、医疗健康、能源、农林水产、旅游观光以及贸易等产业的竞争力和活力，开拓新产业前沿。二是提高人才水平。通过提升劳动力流动性，以及提高劳动人口中年轻人及老年人特别是女性的就业率，改进大学教育，吸引海外高级人才赴日工作等方式，改善日本的劳动力要素。三是增强区域竞争优势。设立东京、大阪、爱知等国家战略特区，在那里大规模放松管制，大幅度改善外国人的各种环境和生活条件，创造世界最好的投资环境，吸引更多外资。四是重构新的贸易格局。比如推动跨太平洋伙伴关系（TPP）、日中韩自由贸易协定（FTA）以及日欧自由贸易协定（FTA），在三年内将 FTA 贸易量占总量之比从 20% 提升到 70% 左右，并努力拓展海外大型公共工程等业务，等等。

以上种种明确昭告我们，中国经济的未来发展，面对着更为复杂的竞争，其中，改革竞争是我们面临的最深刻、最关键、最硝烟弥漫的新竞争。通过彻底、持续的改革，大规模收取改革红利，是我们制胜的关键所在。为了给改革留出足够的时间和空间，为了给改革创造合适的宏观环境，我们必须适应以经济增长速度下滑至中高速水平为外在特征、以结构性减速为基本原因的新常态。

我们特别希望指出的是，结构性减速是一种"创造性破坏"，因为它自身就蕴含着并衍生出新常态的另外两个基本特点：一是经济增长将更多地依赖产业结构的优化，即向以创新为引领的高端制造业和高端服务业转型；二是经济增长将全面转变动力结构，即更多依赖内需而非外需，更多依赖全要素生产率的提升而非要素规模的单纯扩张。

经济增长速度因结构变化而稍降，结构变化同时蕴含着走向更高效率更好质量的经济增长的路径——这就是新常态的辩证法。

第五章　新常态、新挑战

新常态为国民经济的运行提供了一个新的平台。毫无疑问，与这个新平台"内洽"的一系列经济指标，如储蓄、投资、物价、就业、财政收支（包括赤字）、国际收支、人民币汇率、货币供给、利率等，均呈现新的性状。这些变化的"水落石出"效果，不仅会暴露出我国经济运行长期被掩盖的深层次矛盾，而且会引发新的矛盾。这些矛盾，构成新常态下的新挑战。

一、产能过剩

产能过剩已经成为中国宏观经济稳定运行的重大挑战。

目前，中国的几乎所有行业都面临着产能过剩问题。在欧美国家，通常用产能利用率或设备利用率作为评价产能过剩的指标，在那里，设备利用率正常值在79%~83%，超过此限则认为产能不足，有设备超能力使用问题，应对之策是加大投资、增加产能；若设备开工率低于79%，则说明可能存在产能过剩问题，应对之策，或者设法增加需求，或者设法去产能化。

早在2012年，国际货币基金组织（IMF）就在其国别报告中评估了中国的产能利用率。报告指出，即便在2008/2009年危机前，产

能利用率最高时期，中国的产能利用率也只有80%。其后，为应对经济危机，中国政府推出了大规模财政刺激政策，各产业的产能均急剧增加，使得产能利用率在2011年下降至60%左右（见图5.1）。另据路透北京2014年11月20日消息，中国国家发改委网站11月14日新闻稿引述产业协调司官员称，据调查，2014上半年全国工业产能利用率为78%，为2009年第四季度以来最低。在调查的39个产品中，有21个产能利用率低于75%，其中光伏、电石等甚至不足60%。国际货币基金组织的研究只是简单因循发达国家的方法，并未考虑中国的特殊国情，例如，由于中国存在严重的地区分割，对产能的计算不能完全按全国统一市场来进行。但是，如此之低的产能利用率，也足以让我们警醒。

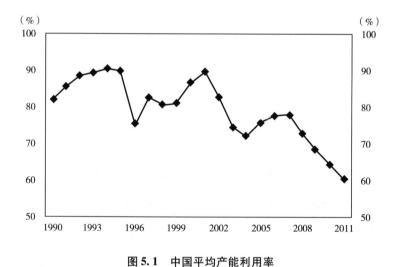

图5.1　中国平均产能利用率

资料来源：IMF（2012），"People's Republic of China 2012 Article IV Consultation"，IMF Country Report No.12/195，July。

产能利用率固然是评价产能过剩最综合的指标，但似嫌不够全面。认真的研究还须深入到若干相关领域。通常认为，产能过剩可以从如下四个方面加以衡量：一是产品价格（特别是 PPI）相对下滑且持续甚久①；二是企业盈利能力大幅度下滑，亏损企业增加，且延续较长时间；三是行业供给超过了行业需求，产品库存大规模增加，销售呈现停滞状态；四是进口严重受阻，出现了出口企业不计成本销售的情况，致使国际贸易摩擦频频发生。对照起来看，中国的产能过剩应属确定无疑。

产能过剩之所以被列为经济结构扭曲的集中表现，解决产能过剩之所以被称为调整经济结构的头号问题，关键在于它给整个经济带来了多方面的不利影响。首先，产能过剩是经济中的水分，它的存在，降低了经济的效益和增长的质量。每年大量投资增长会直接带来 GDP 数字的增长。但是，倘若投资没有形成生产能力或者投资所形成的生产能力未被充分利用，与这些投资对应的 GDP 便是水分。这种水分，已经构成我国经济进一步发展的"死荷重"。其次，产能过剩的加剧会使企业的投资预期下降，进一步会导致企业破产、倒闭，从而引发失业并打击居民的收入和消费预期，因而使经济增长面临越来越明显的下行压力；其三，产能过剩还会导致企业利润率下降、负债上升、应收账款增加，并导致不良资产攀升，进而这种风险将传递到整个金融业，这种传递如果持续且规模日大，那就离危机不远了。

产能过剩是市场经济中的正常现象。不过，当前中国产能过剩如此之严重，覆盖面如此之广，应属少见。虽然，中国目前的产能过剩与本轮金融危机导致国内外需求萎缩以及我国应对政策稍嫌过度有关，但它更是一个体制层面的问题。

首先，如同其他市场经济国家一样，造成中国产能过剩问题的主

---

① 从 2012 年 3 月算起，中国的 PPI 已经连续 35 个月为负。

因在于企业的盲目扩张，国有企业如此，民营企业亦如此。然而，与一般市场经济国家不同，中国市场经济中，各级政府发挥着十分重要，多数情况下还是关键性的作用。倘若各级政府存在扩张冲动，并与企业的盲目扩张相互激励，中国产能过剩就一定会成为大问题。

我们看到，各级地方政府为了增加本地就业和税收收入，同时也为获取中央政府的产业优惠，无不以"画地为牢"的方式扶持本地企业，产业政策导向上的趋同，致使各地区之间出现较为普遍的产业结构同质化现象，进而导致大量产能过剩。21世纪初以来，各地区争相上马钢铁、水泥、电解铝等重化工业项目，导致这些行业出现大面积产能过剩。之后，在所谓"战略性新兴产业"领域，光伏、风能、节能环保等又成为各地热捧的朝阳产业，几年下来，这些行业又出现了巨量的过剩产能。在近两年来出台的国家级战略重点开发规划中，虽然已经注意到并强调发挥本区域优势和发展特色产业，但是产业发展方向仍有大面积雷同之处：在制造业发展方向中，汽车、钢铁、石化等产业被大多地区的规划列为发展重点；而战略性新兴产业也普遍集中在新能源、新材料、电子信息、节能环保等产业；各地规划的服务业发展重点，又基本上都是现代服务业中的金融、现代物流、旅游、文化创意等。

中国地方政府"父爱主义"的产业政策，客观上有着"自造"道德风险，引致企业不计成本盲目扩张的倾向。中国社会科学院的一项经验研究表明，产能过剩较严重的地方，恰恰是政策倾斜区域和扶持性产业。说起来，如此行为是我国经济的痼疾，它集中体现为企业的软预算约束，过去国企如此，如今很多民企也染上了这个毛病。一些企业（特别是那些有政府背景或政府扶持的企业）在扩张过程中，不计成本、不顾后果、盲目扩张、重复建设，导致产能严重过剩。有人辩解说，重复建设在市场经济中应属正常，这话抽象来看不错，但要注意的是：在市场经济中，盲目投资、重复建设造成的损失是由企业自己来承担的，而在中国的体制下，造成的损失可能最终要由政府来买单，因此，一些企业或地方政府在投资决策时就会更加"大胆"，由此导致的产能过剩问题就更加严重。本轮的产能过剩大部分集中于投资品领域，而这些领域大都由政府驱动或者有政府扶持。民营企业在本轮产能过剩中推波助澜，也是由于地方政府以行政方式推动产能增长，以廉价供地和财政资助等方式干预市场，引发部分行业过度投资。以光伏为例，在中央政府发展高新技术产业的优惠政策鼓励下，地方政府和企业家都看好光伏产业的盈利前景，中国光伏行业急速扩张。一时间，全国各地各种"太阳城"和"光伏园"遍地开花，地方政府则通过大力招商引资，诱导银行贷款，扶持众多光伏项目上马。然而，中国企业涌入的只是光伏产业链中劳动力相对密集的加工制造区段，在上游和中游区段，我们均没有掌握关键技术，而下游的国内市场也没有培育起来，致使产品的90%以上依赖出口。这种发展方式带来的恶果是：2007年全球金融危机爆发后，国际市场急剧萎缩，贸易保护主义立即抬头，中国光伏企业的产品迅速陷入供过于求的境地，产能严重过剩。

有一种想当然的看法认为，产能过剩属于供大于求，因而根源在于需求不足。且不论这种只见需求、不论供给的认识本身就包含着严重的片面性，即便从需求方面想办法，也须认真考虑：我们是否还存在从需求面解决问题的潜力。应当清醒地牢记：中国经济增长已经出现结构性减速，潜在增长率已经下了一个台阶，在这种新常态下，期待总需求还能有两位数的增长已经不现实了。多数研究机构共同接受的估计是，未来5～10年我国总需求的增长大约可有把握地维持在

6.5%~7%，果若如此，便意味着，通过需求扩张来吸收消化过剩产能的余地已经非常小。

显然，如果因循旧路，仍然依赖更快的增长、更大规模的投资和扩大消费需求来吸纳过剩产能，尽管会使问题暂时有所缓解，但那只是引鸩止渴。以往的经验表明，这会导致未来新一轮规模更大的产能过剩。我们必须下决心从供给面来应对产能过剩问题，解决问题的关键在于从体制机制层面根除导致产能过剩的基础。

中央已经确定，根治产能过剩要采取综合措施，"消化一批、转移一批、整合一批、淘汰一批"。

中央关于解决产能过剩的战略安排，主要指的是解决问题的方向，在我们看来，贯彻落实中央精神，还需要在创造合适的机制方面下功夫。

首先，要通过进一步完善市场机制，创造"使市场在资源配置中起决定性作用和更好发挥政府作用"①的社会主义市场经济体系，从根本上铲除造成产能过剩的基础。客观地说，虽然企业在造成产能过剩方面难逃其咎，但是，在我国的现行体制下，政府的责任可能也不下于企业：政府承担过多的经济责任以及对企业和市场的不合理干预，是产能过剩的最重要原因。因此，真正落实十八届三中全会关于全面深化改革的精神，遵循市场决定资源配置的一般规律，健全社会主义市场经济体制，"着力解决市场体系不完善、政府干预过多和监管不到位问题"，是根治产能过剩的最基础工作。

其次，应充分发挥资本市场在配置存量资本中的作用。有效配置资源是资本市场的天然功能。在出现资本误配置的情况下（产能过剩

---

① 《中共中央关于全面深化改革若干重大问题的决定》，人民出版社 2013 年版，第 5 页。

就是一种资本误配置），显然需要发挥资本市场的作用而对之进行调整。具体地说，我们应完善资本市场功能，让资本市场在企业重组并购方面充分发挥作用。由资本市场而不是行政干预来调整产能、消化过剩，将是更合理、更有效、成本更低的路径。

三是解决产能过剩要有全球视野。这就是说，要在全球产业分工格局以及未来产业深化发展的背景下探讨解决国内产能过剩问题。"一带一路"等战略的实施，将有利于我们从全方位的对外开放来推动产业和产能转移，从而缓解国内的产能过剩问题。

二、负债率和杠杆率飙升

作为一个储蓄率长期高达40%～50%的国家，中国的负债率和杠杆率自改革开放以来一直处于较稳定的低水平上。但是，尽管储蓄率依然居于高位甚至有所提高，这种低负债率和低杠杆率的局面于2009年开始转变。根据我们计算，若以实体经济部门总负债与GDP之比作为杠杆率指标，2003～2008年，我国的杠杆率事实上呈不断下降趋势。2009年之后情况逆转，我国杠杆率显著上升，同时伴随着债务融资工具期限不断缩短（详见图5.1、表5.1）。由表5.1可见，在全部债务工具中，唯有信贷和国债的平均期限有所延长。其中，信贷期限延长说明中国严重缺乏市场化的长期资金供给，这正是中国金融结构恶化的表征。

具体而言，我国各部门加总的杠杆率从2008年的170%上升到2012年的215%（李扬等，2013）。另据渣打银行估算，2014年上半年，全社会杠杆率达到251%。其中，最需要关注的是我国企业债务

占比高悬且上升过快的问题，2012 年，企业债务占 GDP 之比达到 113%，这两年进一步攀升，高于所有七国集团（G7）成员，也远超 90% 的国际风险阈值。

杠杆率上升是具有全局性、系统性影响的金融风险。目前仍在肆虐的全球金融危机，正是由高债务、高杠杆引发，并始终以它为主要特征。殷鉴不远，我们若不提高警惕并采取有效的措施及时"去杠杆化"，金融风险还会进一步累积，系统性危机的可能性也会增大。

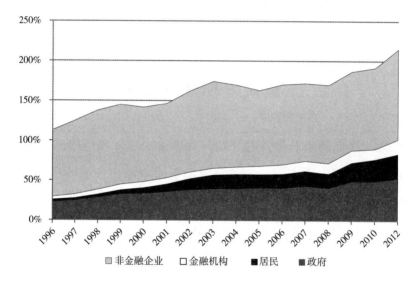

图 5.2 中国各部门债务占 GDP 比重

资料来源：李扬、张晓晶、常欣等：《中国国家资产负债表 2013：理论、方法与风险评估》，中国社会科学出版社 2013 年版。

表 5.1 我国实体经济部门债务融资工具的平均期限

（单位：年）

年份/项目	全部负债	信贷	债券	国债	企业债	公司债	中期票据	短期融资券
2008	2.68	1.78	7.56	8.06	9.01	6.67	3.48	0.53

续表

年份/项目	全部负债	信贷	债券	国债	企业债	公司债	中期票据	短期融资券
2009	2.64	1.88	6.81	7.73	8.05	5.94	3.40	0.54
2010	2.63	1.97	6.61	8.05	7.57	5.69	3.18	0.49
2011	2.59	1.93	6.35	8.43	7.02	5.04	3.10	0.52
2012	2.46	1.86	6.03	8.50	6.70	4.64	3.15	0.50
2013	2.39	1.86	5.65	8.09	6.48	4.04	2.80	0.40

资料来源：中国社会科学院金融风险管理实验室。

为达成去杠杆化的目标，我们必须下决心扭转我国以间接融资为主的融资结构。发展多层次资本市场，自然是题中应有之义。此外，进一步改革国有经济，控制其软预算约束下的高负债倾向；进一步管束各级政府的投资行为，控制其融资活动；进一步放开对民间信用的管制，让市场机制在配置金融资源中发挥决定性作用；进一步鼓励以筹集长期股本金为导向的金融创新等，均是我国去杠杆的根本性制度举措。

在考察国家整体债务水平的同时，政府部门债务，特别是地方政府债务的长期化倾向，尤其值得高度关注。这不仅因为其沉疴已久，而且因为它的解决对于理顺我国各级政府间财政关系至关重要。

目前，中国地方政府债务风险仍然可控，根据有三：其一，中央和地方政府（与财政责任相关）的债务规模占 GDP 的比例仍控制在40% 以内，低于国际通行的 60% 债务率控制标准。其二，中国整体的资产负债表仍属健康，这使得我们可在不对经济运行造成较大损失和对经济增长格局造成较大冲击的条件下，比较从容地处理地方政府债务。单一制的政体，使得我们在体制上也有此能力。其三，中国可供选择的去杠杆空间仍然很大，包括政府资产的转让、债转股、长短期债务重组转换、拉长负债久期、降低期限错配风险等。

但是，我国地方债务潜在风险也不可小视：其一，中国地方政府债务大都因投资而形成，但由于投资项目以基础设施居多，大都不能直接产生现金流。因此，从财务角度看，中国地方债务存在偿付能力短绌和流动性不足两大难题。这与西方发达经济体地方政府的一般经验并无本质区别。其二，在为地方政府编制资产负债表的过程中，我们发现，由于不能产生现金流，从而也不具有可交易性，大量"资产"并不具备经济意义上的资产内涵。而且，由于地方政府还须逐年投入新的资财来对这些资产进行维修养护，从而形成地方政府的长期"硬缺口"。其三，债务期限和对应的投资项目之间存在严重的期限错配。平均而言，地方政府债务期限在 2 年左右，而对应的投资项目则须 4 年以上方能完成。如此，即便存在还款的现金流，那也存在债务和对应资产之间的期限错配问题。其四，经济增长速度下滑、城市化战略转型、房地产市场调整等宏观因素，都将使地方财务状况恶化，挤压其举债、还债空间。

管理地方债务，应有短、长两策。短期目标主要是防止债务形势恶化，其要点有三：一是"截源"，即严格监管地方政府用债务融资的方式从事无现金流的基础设施投资，从源头上减少"硬债务"增长。鼓励各级政府通过拓展融资渠道进行债务替代，防止借机扩大负债规模。二是"重组"，即设法通过债转股、长短期债务重组转换、延长负债久期等多种方式，重组债务，降低期限错配风险。三是"备损"，即未雨绸缪，安排好应付坏账的还款资金来源。

长期的债务管理目标，是建立合理、可持续的地方政府融资机制，其要点有五：一是敦促地方政府在"权责发生制政府综合财务报告"的框架下完成地方政府资产负债表的编制工作，摸清"家底"；

二是合理划分中央和地方政府的事权和支出责任，减少政府经济职能特别是投资职能，从源头上减少地方政府负债的动力；三是遵循"黄金规则"，规范地方政府举债融资行为，其核心是要建立债务的可持续性机制，加强预算约束；四是建立地方政府债务融资发行、交易和风险定价的市场体系；五是建立地方政府债务风险管理体系和危机处置机制。

三、城市化转型

就经济发展的动力而言，中国改革开放以来的主要引擎，无疑是工业化和城市化。但是，由于我们的发展是从一个以解决温饱为第一要务的非常低的起点开始的，在很长时期中，工业化很自然地成为更为重要的主导性因素。然而我们也看到，在此时期中，我国的城市化事实上也有相当大的推展，以人口增长来计的城市化率平均每年提高1%以上。

但是，若论城市化和工业化的关系，一个显然的事实是，我国的城市化是由工业化引致的，换言之，迄今为止我国的城市化是一种"引致型"城市化。城市化跟随工业化而展开，造成了我国城市化落后于工业化的现实。对于这一现象的原因，学术界一般将其归结于户籍、社保、土地等制度的约束，使得已经实现非农化的农民无法实现农民身份向市民的转变，从而造成城市化的滞后。

至于这一现象的利弊，学术界则存在较大的争论。很多学者认为，城市化落后于工业化，这是中国经济发展的弊端之一，因此，下一阶段中国的经济发展，应迅速弥补这一缺陷。但是，从现实性和可持续的角度看，我们认为，工业化先行、产业发展先于城市发展恰正是中国经济发展的成功之处，是中国发展道路的重要经验之一。因为它遵循的是"产业发展——就业增加——人口集中——城市发展……"的自然发展过程。这一过程，基本保证了人口因寻找更高水平的收入而流动，因而流动人口都能获得就业的支持，从而大规模避免了像拉美、印度以及其他一些发展中国家在经济发展过程中过早出现大城市无序膨胀，进而使得贫民窟遍地产生的严重社会问题。简言之，中国的城市化过程，首先是形成企业并创造就业，进而引起人口迁移和安置，推动城市的发展。其中的逻辑和经验，非常值得总结。

如今，中国经济发展进入了一个新的转折期。这个转折期的主要特征有二：首先，以机械工业、冶金工业、电气工业、化学工业、电子工业、信息工业等为主要工业部门的传统工业化进程，已经接近完成，中国开始进入第三次工业革命的轨道，即以制造业的数字化、服务化、快速成型、人工智能、新材料、工业机器人为基础，以"大规模定制"为主要生产方式的新型工业化时期。其次，城市化方兴未艾，将显示出日益增大的主导作用。我们的判断是，中国经济发展已经进入工业化和城市化并举，而且逐步转向城市化为主导的轨道上。

要探讨这一新的趋势，分析其主要特征及其带来的新挑战，我们有必要首先回顾过去三十多年我国城市化的基本特征。

从劳动力流动的动力和特征看，过去三十余年，从农村中排挤出的剩余劳动力向城市流动，主要是为了在城市中的制造业中就业，并赚取更高的收入。这些人口的流动特征，主要是候鸟型的。正因如此，每年春节前后，规模与欧洲好几个大国相当的数以亿计的人口在中国国土上移转，并对中国跨地区交通运输造成了极大的压力。

值得注意的是，农村居民在城乡间的候鸟型流动，产生了一些影响深远的典型特征。其一，除了吃穿用等最基本的消费活动，农民工最主要的消费活动并不发生在城市，特别是婚丧嫁娶、购买耐用消费品、购买（建设）住房以及医疗、养老等耗费资财的重要活动，仍然主要发生在农村地区；其二，与上述收入/消费活动的模式相一致，农民工的大部分储蓄并不存放在城市里，而会通过各种渠道汇回农村，从而在城乡间形成大规模的资金流动。可以说，这样一种人口流动格局，固然"引致"城市化有所发展，但同时也有固化城乡分隔的效用。

进一步说，这种人口迁移格局，对我国整体的国民消费产生了若干我们不希望看到的影响。我们的调查研究显示，由于农民工的主要消费依然发生在农村，农村居民的消费结构并没有像城市居民那样呈现不断升级态势。相反，他们的消费结构甚至表现出低级化的趋势，由此甚至导致恩格尔系数的逆转。长期以来，人们一直存有这样的疑问：为什么中国经济发展如此之快，收入增长幅度如此之大，国民的消费率却有相对下降之势？这一问题一直广受学者的关注，对这种现象有多种解答。在农民工候鸟型流动的特征中，我们找到了一个可能的解释：因为占总人口多数的农村居民，虽然他们在城市里打工赚取的收入较过去增加了若干倍，但是他们仍然延续着，甚至强化了原有的消费习惯。统计调查显示，就消费结构而言，农村家庭在家庭设施、交通通讯、文教娱乐、医疗保健等方面的消费，多年来并没有显著提高，甚至有所下降，这就揭示了我们这样一个二元结构下的中国经济的消费结构特征。

从经济上分析，造成这种状况的重要原因就在于，由于农民工分散在广袤的农村地区，因其分散，就存在着交通、物流的规模不经济，进而导致有效供应不足，并造成农村地区的价格过高。国家统计局数据显示，就消费价格而言，2001～2008年，农村消费价格指数上涨23.3%，而同期城市只上涨18.4%。农村价格水平上涨幅度高于城市，主要原因就是农村和农民的分布分散，供应难以集中进行，存在着严重的规模不经济。①

更有甚者，在工业化引领的城市化模式下，人口的集中主要表现在向中国东部沿海地区的集中上。这样一种集中虽然有规模经济，但也有易受冲击的弊端。全球金融危机发生以来，由于全球对制造业产品的需求急剧下降，使得制造业吸纳农村转移人口的能力急剧下降，进而导致全国的城市化速度有所放缓。

我国城市化速度自危机以来趋缓的第二个原因，就在于农村人口的逐渐老龄化。如图5.3所示，就人口年龄结构而言，农村居民向城乡迁移的概率，以22岁左右的男女青年为最高，随着年龄的提高，他们向城市迁移的概率就越来越低，特别是在劳动年龄的中后期，由于缺乏足够的劳动技能和学习能力，无法在城市实现就业，农村居民向城市迁移的概率就很低了。随着中国人口结构的老龄化，特别是农村人口结构的老龄化，可以预见，用人口分布来衡量的中国城市化的总体速度也会降低。

我国城市化速度放缓的第三个原因，则与政府为应对危机所采取的刺激计划有关。我们注意到，2009年财政金融刺激计划的投入主要集中在中西部地区。如此大规模的投入，较大程度地改善了中西部地区的就业环境，提高了当地居民的收入水平，使得很多原先打算流动到东部地区、沿海地区的农民们不再沿着这样一种传统路径流动，转而选择了在本地区当地就业。这种趋势的蔓延，再加上中国总体人

---

① 在这个意义上，近两年来中国政府采取一系列的耐用消费品"下乡""惠农"措施，都是非常有眼光的宏观经济政策。

口结构的变化，一定程度上导致东部工业发达地区产生程度不一的民工荒。城市化速度趋缓，民工荒现象出现，这是两个新的现象。我们认为，这些现象的长期化，是我国城市化进程中必须关注的重要事实。

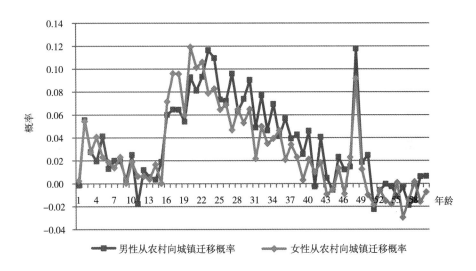

图 5.3　分性别和年龄组的农村居民向城镇迁移概率

资料来源：李扬、张晓晶、常欣等：《中国国家资产负债表 2013：理论、方法与风险评估》，中国社会科学出版社 2013 年版。

由于传统的工业化进程在中国已接近尾声，工业化引致城市化的进程也将趋向弱化，与此同时，新型城市化将逐步上升为未来中国经济发展的主要引擎。当然，由于我国地域辽阔，且各地区发展阶段呈梯度分布，在今后一段时期中，我们还会看到一些中西部地区在复制东部地区工业化引导城市化的模式，但是，多数地区，主要是东部地区，已经出现了城市化引导经济发展的新范式，从而，城市化被人们赋予保持中国经济未来长期增长主要引擎的寄托。

归纳起来，城市化的转型和发展，对于我国经济的转型和发展将发挥五个方面的重要作用：其一，城市化深入发展，将促进诸如住房、交通通讯、医疗保健、教育卫生、休闲娱乐等消费型投资迅速增长，这将有助于促使国内消费需求成为拉动经济增长重要动力；其二，刺激整个服务业发展，从而为我国产业结构的改善贡献力量；其三，城市化深入发展，将促进基础设施改善和新能源、节能环保、电动汽车等新型战略产业大发展，从而从需求角度为提高中国的科技创新能力提供持续的动力和良好的环境；其四，人口和生产要素的不断聚集，将为教育水平的大幅度提高和生活质量的持续改善提供条件，从而助力改善中国的人力资本；其五，我国居民收入分配的差距，将因农村居民逐步转变成为城市居民而缩小，同时，通过城市化在中部、西部地区的扩展，我国地区间的收入分配差距也将缩小，进而有助于改善我国居民的收入分配状况。总之，我国城市化的这样一种战略型转变，恰与我国经济发展的战略转型相契合，而且构成经济发展方式转变最主要的动力之一。

但同时，我们必须提醒，不应对城市化之于中国经济的作用过度乐观。衡量城市化程度，目前还主要是用城镇人口的占比来度量。不过，尽管目前以人口占比衡量的城镇化率只有约53%，离发达国家近90%甚至更高的城镇化率有很大距离，但中国目前的城市化进程有一些特别的特征，使得它对经济的拉动作用可能不像想象中那么大。

原因之一在于，可供转移的农村剩余劳动力数量相对有限。城市化对经济增长推动作用的一个重要方面，来自于农村剩余劳动力向生产率更高的工业等产业的转移，从而扩大实际劳动供给以及总和生产率的提高。然而，我国目前约53%的城市化率，却并不意味着仍有47%的农村剩余劳动力人口。由于土地和户籍制度的束缚，大量农村劳动力即使已经实现非农就业，但却仍然保有土地和农民身份，居住需求等也在农村实现，使得他们在统计中仍然被认定为农民。尤其是，农村青壮年劳动力在很大程度上已经实现非农就业的转移，这种名实不符的状况尤其普遍。国务院发展研究中心早在 2006 年对 2749 个村庄做的调查显示，74.3% 的村庄认为，本村能够外出打工的青年劳动力都已经基本出走，而农村留守的劳动力多是中年以上，由于年龄、家庭、技能等原因，这些人口无法实现就业的转移，从而成为季节性的剩余劳动力。近年来我国农村广泛出现的空心化现象，以及城市"用工荒"现象已从东部蔓延至中西部地区，各地争夺劳动力的竞争"白热化"，导致农民工工资普遍快速上涨。所有这些都表明，农村的剩余劳动力已经越来越少，接近告罄。

目前，各研究机构和政府部门关于农村剩余劳动力的测算，普遍采用的估算方法是用工日折算法，算出目前农业劳动力的需求，然后再用相关农村人口统计数据去推算剩余劳动力。蔡昉、王美艳（2007）认为，2005 年，中国农村劳动力剩余的数量为 0.25 亿 ~ 1.06 亿人，农村劳动力剩余的比例为 5% ~ 22.5%。农业部农村经济研究中心 2007 年用工日折算的方法测算了农业的劳动力需求，最终结果为 2.2 亿人，而 2005 年主要从事农业生产的劳动人口为 2.9976 亿人，因此，剩余劳动力约 8000 万人。如今，又已过去大约十年，农村的剩余劳动力规模只会随着时间推移而减少。张兴华（2013）的研究则认为，2011 年中国农村的剩余劳动力数量已减少至 852 万人，占农村劳动力总数的 2.1%，中国农村剩余劳动力所剩无几，详见表 5.2。

当然，估算得到的剩余劳动力几近消失，并不意味着农村人口已无挖掘潜力。这里估算的农业劳动力需求以及根据它计算得出的剩余劳动力，是基于农业现有生产条件和生产效率来估算的。但从改革开

表 5.2　2011 年中国农村劳动力情况和剩余劳动力估算

	农村劳动力总数	非农产业劳动力			农业或剩余劳动力		
		非农劳动力合计	其中外出非农劳动力	其中本地非农劳动力	农业劳动力供给	农业劳动力需求	剩余劳动力
数量（万人）	40506	22629	15428	7201	17877	17025	852
占比（%）	100.00	55.87	38.09	17.78	44.13	42.03	2.10

　　资料来源：张兴华：《中国农村剩余劳动力的重新估算》，《中国农村经济》2013 年第 8 期。

　　放以来的历史情况看，中国农业有着稳定的技术进步，一方面表现在单位土地的产量在提高，另一方面表现在单位土地占用的劳动力在减少。根据国家发改委价格司编制的《全国农产品成本收益资料汇编》的数据计算，1978 年以来，我国平均每亩土地用工日保持稳步下降态势。因此，未来农村的富余劳动力，将主要依赖农村节约劳动力型的技术进步、农村土地流转实现规模化经营①，从而从农业中节省和释放出更多劳动力来实现。从发达国家的经验看，通常农业劳动力占总劳动力的比重不到5%，而根据张兴华计算的农业劳动力占用数量推算，我国目前的农业劳动力占比仍有约20%之高，这意味着，劳动生产率的提高，理论上还可从农业中节约出约 1 亿的劳动力数量。

　　原因之二在于，城市化对房地产市场的拉动作用实际相对有限，并不是一个百分点的城市化率提高，就会对应上千万人口对城市住房的刚性需求。中国的城市化有两种方式，一种是通过城市外扩，把郊

---

　　① 陈训波、武康平和贺炎林（2011）利用 2009 年三省份的农户调查数据分析了农地流转对于农户生产率的影响，发现农地流转在一定程度上降低了农户生产中的技术效率，但会显著提高农业的规模效率，且规模效率的作用远大于技术效率的损失，从而显著提高农户的全要素生产率。农地流转使得农业向规模化经营转变，在生产中变得更加资本和土地密集，而每单位土地的劳动占用明显变少。

区农民市民化，另一种则是移民——前一种城市化是被动的，后一种城市化则是主动的。当前中国的名义城市人口增长，15%是人口的自然增长，43%是通过移民，还有42%是郊区农民的市民化（Borst，2012）。郊区农民市民化的形式，对城市住房产生的新增需求相对要少。而移民的城市化形式中，真正能够对城市的房地产市场起到较大拉动作用的，是那些正式的移民（尤其是通过工作、升学等渠道获得了正式城市户口的市民），他们具有更稳定的工作、更高的收入，且已断了回归乡土的后路，这就保证了他们对城市住房的需求和支付能力。而非正式移民更多以打工者、农民工的形式出现，他们经常是非正式就业，收入低且不稳定，大多住在企业的宿舍或者廉价的出租房屋内，城市的商品房对他们而言断难企及。[1] 他们经常想的是趁年轻在城市工作几年，赚些钱后再回到家乡，而不是永久在这些城市定居。[2] 此外，即使在外出农民工中占绝大多数的青壮年劳动力，在进入中年后一般会面临严重的失业问题，这种情况，也迫使他们回归家乡。2011年全国妇联等单位进行的《新生代进城务工者婚恋生活状况调查》也表明，即使是年轻、对生活前景还有几分美好憧憬的新生代农民工，希望"留在目前打工城市"定居的也只占35.2%。[3] 这与一些观察者认为新一代农民工的大多数将谋求在就业城市定居并成为城市市民的判断有所不同。并且，考虑到他们的收入等问题，在工作城市定居的美好愿望能否实现仍然存有疑问。

应当清醒地看到，过去几十年来传统城市化的实践，也累积了大

---

① 从国家统计局对农民工的调查情况看，2012年，农民工住在单位宿舍和工地公棚的比例达到43%，租房的比例达到33%，在务工地购买住房的比例只有不到1%。

② 刘学良：《没有市民化城市化对经济作用有限》，《第一财经日报》2012年12月4日。

③ 章铮：《大多数外出农民工"进不起城"》，《第一财经日报》2012年12月6日。

量深层次矛盾，当城市化成为经济发展主要引擎因而触发了与国民经济各领域的复杂关系之后，这些矛盾构成新常态下推进城市化的新挑战。

首先，传统的城市化战略主要是从"城里人"的角度看城市化。从某种程度上看，其基本思路就是注重城市规模扩张的所谓"开发区化"。例如建成区人口密度下降、人均建成区面积提高，甚至超过发达国家的水平，就是盲目"开发区化"的恶果。① 这种开发模式重规模扩张而轻质量的提高，重土地的城市化而轻人的城市化，重城市边界的向外扩张而轻资源、要素向城市的集中。中国的户籍制度、土地制度是形成这种城市化模式的制度因素，在这种城市化模式下，"乡下人"的多方面利益诉求明显被忽略，包括享受平等的医疗、教育和养老等公共服务、实现土地作为生产要素的合理报酬以及促进城市正规就业、保持工农业协调发展等对于城市化发展至关重要的内容，大都被忽视了。

其次，以政府主导的固定资产投资是传统城市化的主要实现方式，其本质就是粗放的"与市场失联"的城市化。地方政府的城市规划对城市化的格局形成有着决定性的巨大影响，但遗憾的是，这些规划大多缺乏科学性、合理性、连贯性，大多都做不到"一张蓝图干到底"。好大喜功的地方政府喜欢制定过于宏大的城市规划，在经济繁荣时，地方政府的财力还能勉强支撑，一旦经济形势下滑，宏大的城市规划就容易沦为烂尾工程。城市化产生的对钢筋、水泥等建材产品的需求，使得相关产业过度投资和产量激增，经济形势下滑时则造成产能严重过剩。

---

① 2001~2011 年，十年间，中国建成区人口密度由 0.85 万人/km² 降到 0.73 万人/km²，而人均建成面积由 117.1m²/人提高到 137.3m²/人，远超国家 80~120m² 的标准，也已达到甚至超过发达国家的水平。

最后，从经济增长的角度看，传统的城市化战略更倾向于从需求面认识城市化。即寄希望于通过城市化带动基础建设投资、消费升级、城市房地产市场繁荣等内部需求，以在短期内刺激、支撑经济增长。相应地，作为城市化真正内容的经济集聚、产业集聚、人力资本积累、知识外溢、节能环保等对长期可持续发展更为重要的供给面因素，却则一直被轻视。可以说，轻长期、重短期，轻供给、重需求，这是上述政府主导的、低效率的城市化实践的一种必然表现。

解决上述顽疾的根本途径，就是要在调整经济结构、转变增长方式的大背景下推进新型城市化，要更加注意加强发挥城市化带来的供给面调整的动力。其主要内涵包括：其一，在城乡一体化框架下重新定位城市化，特别是要进一步消除城乡在医疗、教育、养老等方面的差距，实现公共服务均等化。这应当确定为新型城市化的最终方向。当前中国的户籍制度实际本身已经不成为人口流动的主要阻碍，关键是与户籍制度挂钩的一系列公共服务和社会保障体系。实现公共服务和社会保障体系一体化，比取消户籍制度本身更有意义。在很多人看来，实现公共服务和社会保障均等化，是从公平正义角度出发的一项居民福利改善，对经济而言主要意味着成本的增加。对此，我们认为：地区间、城乡间的公共服务和社会保障的不均等、不统一，同样构成了劳动力资源优化配置的重要阻碍，现有对于户籍改革和公共服务均等化等的讨论过于看重其带来的成本，而忽视了它在供给面上对经济效率提高产生的作用。①

---

① 都阳等认为，如果户籍改革措施到位，通过促进劳动力的进一步流动带来的效率改善和生产力提升，每年大概能促进经济增长 1.6~2 个百分点，带来超过 1 万亿的经济收益，完全可以抵消所谓的改革成本。（都阳、蔡昉等，2014；都阳：《户籍改革到位每年可获超万亿收益》，新京报 2014 年 10 月 14 日）

第二，在城市化进程中，要始终遵循市场在资源配置中起决定性作用的原则，尊重市场微观主体，以此实现城市化进程中资源配置的优化，提高基建投资、城市管理和公共服务效率。同时，应更好地发挥政府在提供公共服务、维护市场公平竞争等方面的作用。这里的关键，是要践行党的十八届三中全会决定精神：经济体制改革的核心问题是处理好政府和市场的关系。

第三，进一步推动城乡要素平等交换，建立健全相应的体制机制，弥合城乡收入差距，维护保障农民权益，使得农民公平地享有城市化过程中的土地增值收益，实现城乡要素市场一体化，使土地资源得到有效配置。农民掌握的要素主要就是劳动力和土地，仍受到户籍制度、社会保障体系等制度的约束，虽然目前劳动力市场的一体化程度已相对较高，但农村土地的市场化和城乡土地市场的一体化仍有很长的路要走。土地市场的改革如此举步维艰，直接原因在于它可能大规模阻挡了各级地方政府的主要生财之道（所谓"土地财政"），更深层次的原因，则在于它深刻地涉及行政体制改革、各级政府间财政关系等基本社会经济制度。对此，我们需要综合施策。

第四，建立科学合理的产业布局和城市规划，充分发挥城市在产业集聚、人力资本积累、知识外溢、节能环保等方面的积极作用，使城市化成为经济健康可持续发展的重要支撑。

四、房地产市场的趋势性转折

同城市化战略调整密切相关的又一挑战，就是房地产市场可能发生趋势性转折。在上一节我们已经指出，城市化进程的转型会给房地产市场带来新的发展环境，另外，中国经济的其他一些因素的变化，也会导致房地产市场发生根本性变化。要深刻理解中国房地产市场的转型，我们首先需要对该市场过去的一些重要特征和原因进行细致分析。市场需求、市场供给以及政府的房地产市场调控政策，是分析这个复杂问题的三个最合适的角度。

从需求面分析，旺盛的市场需求是导致十余年房价高涨的主要原因。

毫无疑问，理论上房价上涨必然是由供给面和需求面共同决定，但在中国住房供给在过去十几年中已经大幅增加的情况下[①]，从需求角度来解释中国的高房价现象似乎更符合中国的现实情况。回顾历史，中国城市的房价上涨大约是从 2004 年开始的。从那以后，就不断有研究者试图从不同角度解释房价上涨原因。总结起来，比较流行的解释主要包括：城市化论、货币决定论、泡沫和投机论、居民收入上涨决定论、人口红利论，等等，不一而足。这些研究主要均通过省级或城市层面的面板数据模型进行实证检验来得出的结论。

从 2011 年开始，基于人口结构变迁视角的房地产需求变动对房价的影响，得到了越来越多学者的关注，并在解释房价变动上取得了较大的进展。比如刘学良等（2011）研究发现，1981～1990 年的婴儿潮引起的 2003 年来婚龄人口高峰和刚性住房需求是造成 2004 年来房价暴涨的重要原因；陈斌开、徐帆和谭力（2012）则利用微观层面的数据，利用曼昆和威尔（Mankiw 和 Weil，1989）的分年龄住房需求函数方法分析了中国的住房需求，发现人口年龄结构的变动与房价波动基本吻合；Wei，Zhang 和 Liu（2012）从中国性别失衡和婚姻竞

---

① 根据国家统计局的数据，2012 年中国城镇住宅竣工面积是 1999 年的 1.92 倍，2012 年城镇居民的总住房面积（人均住房面积×城镇人口数）是 1999 年的 2.76 倍，因此，总的来说这一时段城镇的住房供给已大幅增加。

争视角来研究房产市场，认为中国计划生育和选择性堕胎导致的人口性别比例失衡加剧了婚姻竞争，人们为了在婚配中获得地位优势增加了住房的投资，使得房价上涨。此外，张传勇和刘学良（2014）还证实，由于80后婴儿潮和高校扩招政策的影响，2003年后大幅攀升的高校毕业生数量对中国城市的房价上涨也起到推动作用。

从供给面分析，受约束的住房供给机制促成了房价的高涨。

尽管过去十几年间中国城市的住房供给已大幅增加，无论是城市住房存量还是每年的竣工数量都远超过从前，但若与其他国家相比，中国的住房供给能力仍受到明显制约。以城市的住房供给价格弹性来衡量（这一指标常被学术界用来反应住房供给的能力和住房市场的反应速度），中国的住房供给弹性要明显小于美国。见表5.3。

表5.3　不同国家城市住房供给弹性的比较

来　源	国家	时期	数据	供给弹性结果	变量
刘学良（2014）	中国	1998～2009	35个大中城市年度数据	2.65	对数
Green et al（2005）	美国	1979～1996	大都会年度数据	7.31	对数
Mayer et al（2000）	美国	1975～1994	全国季度数据	3.7	未对数
Topel et al（1988）	美国	1963～1983	全国季度数据	3	未对数
Dipasquale et al（1994）	美国	1960～1990	全国年度数据	1.2	未对数
Malpezzi et al（2001）	美国	1947～1994	全国年度数据	6～13	对数
Malpezzi et al（2001）	英国	1947～1994	全国年度数据	0～1	对数

资料来源：刘学良：《中国城市的住房供给弹性、影响因素和房价表现》，《财贸经济》2014年第4期。

从表中可见，特别是从刘学良（2014）和格林等（Green et al.，2005）估计的比较来看，中国城市的住房供给能力和市场调整速度要明显小于美国的大都会城市，中国城市的住房供给弹性仅为 2.65，而美国城市的住房供给弹性达到了 7.31。

同时，无论是在中国（刘学良，2014）还是在美国（Green 等，2005），不同城市的住房供给弹性都有很大的差异：有许多城市的住房供给弹性超过 10，房价的轻微上涨就会造成住房供给的大量增加；而有的城市的住房供给弹性则接近于 0，意即供给曲线几乎是垂直的；个别城市，像北京的住房供给弹性甚至显著为负值，房价越上涨，住房供给反而相对收缩。[1] 最后，以住房供给弹性为代表的住房供给能力，无论是在中国还是美国，都显著地影响到城市的房价表现，如北京、深圳等一些城市的房价高涨，一方面是由于旺盛的需求，另一方面则是由于供给受到很强的约束导致。

政府的调控政策显然会对房地产市场的发展产生极大的影响力。

一个不可否认的事实是，自从 20 世纪末中国有了房地产市场以来，这个市场始终就是各级政府高度关注的对象。由于房价上涨是这个市场最显著的现象，调控房价就成为政府调控政策的主要着眼点。很多研究者诟病政府的调控政策，不仅责其"乱动"，而且认为其效率极低，因而基本是失败的：政府不断出台调控政策，但收效甚微，房价甚至陷入"越调越涨"的怪圈。这种说法可能值得商榷。人们所以得出这一认识，主要是认为，房地产市场调控政策未能有效实现人们所期望的抑制房价上涨之目的。确实，过去十余年间，中国几乎每年都会有大的房地产调控政策出台并因此带来房地产市场的波动。刘

---

[1]　观察北京的房地产开发数据，可以发现，北京过去十几年来的年住房竣工数量几乎没有增长，甚至有一定的下滑，在 2002 年左右每年的住房竣工套数平均接近 20 万套，2012 年左右住房竣工套数则在约 15 万套。在北京人口爆炸式增长、收入快速增加的情况下，住房供给却减少，房价不暴涨那就不合理了。

学良（2012）整理了自 2000 年以来中国国务院及各部委颁布的关于房地产市场，尤其是住房市场的主要政策，并根据政策在理论上对房价的影响来做出分类。他用全国层面的商品房销售价格景气指数以及省级的房价面板数据模型检验，均发现：房地产市场的调控政策对房价波动实际起到了很强的作用。因此，严格说来，认为调控政策失败是不准确的，政策不是没有起到效果。事实确实昭告我们：一个接一个的调控政策并未能很好地发挥抑制房价上涨的效果，那其实是因为，政府出台的不少政策措施，本来就有促进房价上涨之效。从理论上说，过去中国施行的可能会对房价增速产生抑制作用的政策包括：提高住房交易税费、提高存贷款利率和首付比例、限购、扩大土地供给、加强加快土地开发等；但是，同时也有若干在理论上可能对房价产生上涨影响的政策，包括：降低住房交易税费，降低存贷款利率、降低首付比例、约束和减少土地供给等政策。总的来说，从 1999 年以来，政府对于房地产市场采取了十分积极的干预政策，但是，在这些令人眼花缭乱的政策中，刺激房价上涨者有之，抑制房价过快上涨者亦有之。在多数情况下，这些刺激性的和抑制性的政策是应经济形势变化而交替使用的，这似乎无可厚非，但是，刺激性和抑制性政策同时存在的情况也不为少数。更为重要的是，迄今为止的房地产市场调控政策，似乎主要集中于房价一个变量上——对于房地产这个几乎有着无穷多社会经济意义的市场而言，这显然是过于简单了。

经过一段时期的胶着性攻防，中国房地产市场终于在中国经济进入新常态的大环境下进入了新时期。2013 年年底以来，各类城市的房地产市场态势已经开始明显分化，局部市场逆转明显。① 与此前由

---

① 值得关注的是，2015 年上半年，由国土部牵头的房地产登记制度将在全国实施。这将对全国的房地产市场将产生水落石出的影响。

限购限贷等措施导致的房地产市场调整不同，此次房地产市场下滑的触发因素不是来自政策面，而是植根于城市住房市场内在供求格局的深刻变化。当前，由于人口结构转变，婚姻人口高峰和人口年龄结构变化引起的刚性住房需求正逐渐消退，而房价低迷、反腐败、理财产品盛行和海外资产渠道拓宽等新的投资渠道的兴起，更进一步使得支撑投资型住房需求的诸多因素也开始减弱。同时，住房建设和竣工量大幅增长且超过了城镇人口增长和住房改善带来的需求，引发了各城市的住房库存大增（见图5.4）。

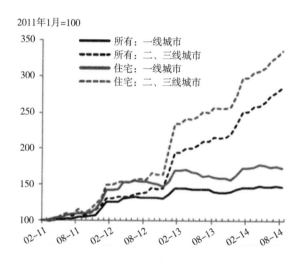

图5.4　20个城市房地产库存

资料来源：中国指数研究院。

更重要的是，党的十八届三中全会确立的改革方向，削弱了房地产价格持续上涨的经济社会基础。特别是城市化战略转型，由于它直接终止了盲目"开发区化"的城市规模扩张，不仅大大减缓了我国城市化的速度，也消减了住房市场发展的传统动力。简言之，所谓未来10至20年的刚性需求是否还存在，显然需要进一步研判。2014年上半年中国人民银行和国家信息中心对城市居民购房意愿的调查，证实了购房需求的下降（图 5.5）。我们认为，这种下降趋势将在中期内持续产生影响。

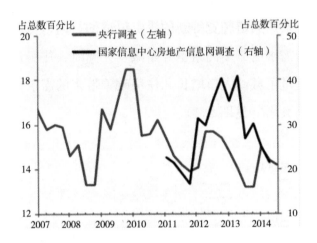

图 5.5 城市居民购房意愿调查

资料来源：中国人民银行，国家信息中心。

在房地产市场深度调整的背景下，金融业，特别对处于房地产开发前端的各类融资活动，受到的不利冲击不可小视。但是，至少在近期，还不会形成系统性风险。这一判断基于三个原因：第一，即便房市急剧下滑，大部分住宅的价格仍高于房贷的结欠余额，因而不会出现"负资产"从而触发抵押品赎回权丧失的浪潮；第二，一方面，中国的房价在过去五年中翻了一番，另一方面，中国抵押贷款的首付率很高（20%～40%），银行由此获得了较大的"止损保障"，可以防范相当程度的市场下跌；第三，从居民偿付能力看，中国的房价收入比虽然依然较高，但近年来在持续下降，此外，居民部门杠杆率整体较低（2013 年仅为 30% 左右），购房者杠杆率更有限（2012、2013年，新增购房贷款净额对商品住宅销售额之比约在 20%～30%），也弱化了市场恐慌蔓延的基础。

应对房地产市场调整，我们也应有短、长两策。在短期内，不宜对房地产市场采取明显的刺激政策。但是，我们强烈建议清理近年来的各种规制，择其不当者和自相矛盾者而弃之，目的是还市场以本来面目。长期而言，我们需要加快进行房地产市场的"顶层设计"。应当看到，我国房地产市场虽已有十余年发展历程，但尚无与国民经济体系相契合的总体设计。诸如居民"居者有其屋"战略中究竟主要依靠买房还是租房来满足中国人的住房需求、住房市场与土地市场的关系问题、住房市场与城市化的关系问题、房地产市场开发主体问题[①]、政府在房地产市场中的地位和作用问题、房地产金融体系问题、支持和规范房地产市场发展的财税政策问题等，均无明确且内洽的制度安排。在总体思路上不清楚的条件下，若在局部上政策过猛过频，常会引发更多难以预知的不稳定因素。因此，首先搞好顶层设计，是促进我国房地产市场健康发展的前提性条件。

五、"量宽价高"悖论[②]

中国金融业正面临新的重大挑战。事实上，自20世纪90年代中期以来，"流动性过剩"就被公认为我国货币政策特别是货币供应的主要顽疾。然而，货币数量的增长并没有带来利率的下降，相反，我国名义利率水平一直处于高位，2013年，甚至一度出现两位数的超

---

① 目前，中国是很少几个不允许居民户自己盖房，而由房地产商垄断该市场的国家。

② 中国社科院金融研究所曾刚研究员为本节的写作有重要贡献。

高水平。众所周知，无论是理论还是市场经济国家的一般实践都显示，货币政策的通则是量价反向运动，若有量增（货币供应量增加），则必随价跌（利率下降）；反之则相反。美国、英国、欧洲、日本莫不如此。我国量增而价升的情况，实属异数。我们将这种货币数量宽松而利率水平高悬同时出现的现象，称"量宽价高"悖论。

从数据看，量宽和价高并存的矛盾的确比较突出。在货币供给方面，在过去十年中，各层次货币一直都保持着较快增速。其中，M2增速多数时间都超过了15%，2009年中曾一度接近30%，2011年之后有所回落，但仍保持在10%以上（见图5.6）。

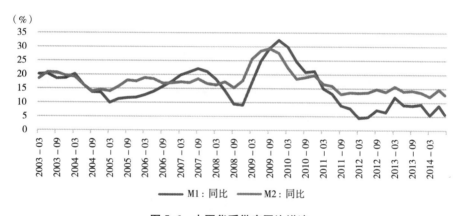

图5.6　中国货币供应同比增速

资料来源：Wind。

在货币供给长期高速增长的情况下，广义货币余额大幅扩张，M2/GDP自然就不断攀升，到2013年，已达到194.86%。与2008年相比，在短短5年中，上升了42个百分点。与货币供给相比，在过去十年中，银行信贷和社会融资规模的波动更为剧烈，但变动趋势与M2基本一致。货币存量相对于实体经济活动迅速扩张，引发了很多人对于是否存在"货币超发"及其可能导致的风险的争论。

与贷款和融资规模的剧烈变化相对应，融资成本（即利率水平的另一种概念）的波动也相当显著，特别是在 2009 年，国债收益率在一年内大幅下跌了 300 个基点，反映了市场流动性在短期内的极度放松。之后，随政策转向，国债收益率开始稳步上升。在 2013 年第 4 季度，达到了有数据统计以来的最高水平（接近 4.5%），超过了危机爆发之前（图 5.7）。

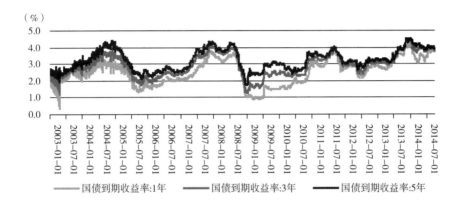

图 5.7　银行间市场国债收益率变化（2003—2014.9）

资料来源：中国债券信息网。

相比之下，贷款利率的变动比较小，2008 年之后，普通贷款的利率一直维持在 7% 到 8% 之间（见图 5.8）。不过，这并不意味着其实际成本的稳定。在实践中，银行从贷款中所获取的收益并不仅限于名义上的利息，近年来，与贷款相关的顾问咨询、贷款派生以及其他名目繁多的收入，已成为银行重要的收入来源。这些收入，在名义上虽为非利息收入，但其实质与利息收入并无二致。根据中国银监会的统计，在过去几年中，银行业整体的非利息收入增长迅速，到 2014 年 6 月末，占总收入的比重已上升到 23.34%。假定这些非利息收入中有30%与贷款业务真实相关，则信贷利率至少要提高一个百分点以上。

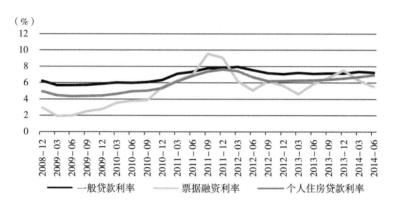

图 5.8 银行贷款加权利率水平（2008~2014.6）
资料来源：中国人民银行。

应该说，量宽与价高并存，是现行体制在特定发展阶段的必然产物，成因众多，不能简单归咎于某一方面。因此，仅仅着力于信贷政策的调控，非但治标不治本，反而有可能加大扭曲，引发更为严重的问题。

正确理解金融矛盾背后的演化逻辑，是化解扭曲现象的重要前提。在我们看来，量宽价高悖论背后的逻辑主线大致有三：其一，中国储蓄率高企，为货币扩张提供了极大的空间；其二，资本账户管制及与之配套的外汇储备管理体制，推动了基础货币供给的超常增长；其三，受储备管理制度掣肘，货币政策的调控能力被严重削弱，不得已直接干预信贷数量。

储蓄率高企是中国货币供应快速增长的基本因素。

前已述及，改革开放以来，中国的储蓄率就一直处于较高的水平，2000年之前，一直维持在30%~40%之间。进入2000年之后，总储蓄率开始加速上升，在 2010 年最高曾超过 52%，目前仍维持在 50% 以上，远高于大多数经济体的水平。

此处不拟详论造成中国高储蓄率的原因，我们要指出的是，储蓄率的高企，是影响中国货币金融环境的最根本因素。一方面，高储蓄率意味着资产或财富的快速积累。在我国金融市场仍欠发达，金融产品选择不够丰富的情况下，银行存款（广义货币的主体）和类存款（如各类理财产品）便成为居民持有的最主要金融资产。这无疑为广义货币的高速扩张提供了基础。另一方面，高储蓄率意味着经济的供给能力相对当前的国内需求偏高，要实现储蓄与投资的平衡，必然导致净出口（贸易顺差）的扩大。在我国资本账户管制和汇率管制的条件下，贸易顺差的持续，不可避免地导致了基础货币的过度投放，并打开了金融乱象的"潘多拉之盒"。如果说强制结售汇是国际收支失衡引发基础货币过度投放的直接机制，那么，缺乏弹性的汇率制度则放大了这种影响。

因国际收支失衡而导致的基础货币过度投放，造成了市场流动性的过剩，并为货币高速膨胀埋下了隐患。为进行对冲，人民银行从 2003 年起开始发行央行票据，回笼银行体系的流动性。之后，因外汇占款规模持续高速增长，票据对冲效力不断削弱，不得已转向法定存款准备金调整，虽然准备金率在较短时间内便提高到 20% 难以想象的高度，但对冲效果仍不尽如人意。2007 年和 2008 年，通货膨胀压力陡然加大，为进一步加强数量控制，人民银行重启了 1998 年停止使用的贷款规模管理。2011 年后，这种对新增贷款的控制被称为"合意贷款管理"，对银行的考核力度明显增强，并成为管控银行贷款规模最重要的手段。

值得注意的是，在实践中，限制银行信贷投放能力的政策不止于人民银行的法定存款准备金率和合意贷款规模。一些银行监管制度，主要是贷存比和资本充足率监管，也发挥着约束银行信贷投放能力的作用。

总之，法定存款准备金率、合意贷款规模、存贷比以及资本充足率四种分属不同监管部门的政策，都对银行信贷形成了长期或短期的制约。在不同时点上，对于不同类型的银行，四种约束的强度会有所差异。但不管怎样，多重政策的叠加，直接抬高了银行信贷的成本，并将一部分相对弱势但急缺资金的主体（主要是小微企业）挤出了信贷市场。出于对利润的追求，以降低成本或绕开政策限制为目的监管套利活动开始成为"金融创新"的重点，依附于银行体系的"影子银行"（准确说，是"银行的影子"）规模迅速膨胀。其结果是，控制银行信贷本想实现的去杠杆目标并未真正实现，经济总体和部门杠杆率持续上升。更重要的是，由于有相当部分的融资活动都以"影子银行"的形式发生，其真实的风险并未得到准确评估和定价，也没有采取适当的风险管理手段（如计提拨备和资本等）。这种风险的错配，造成了金融体系的严重扭曲，并引致资金向高风险领域集聚。

客观上讲，在过去十余年中，中国货币当局的"冲销"努力取得了明显的成效，至少在稳定物价方面，还是控制住了过剩流动性可能带来的负面影响。但是，也必须看到，在相关制度没有调整的情况下，外部失衡引发金融扭曲的根本性问题并未得到解决。随着冲销规模不断扩大以及央行直接调控手段的常态化，现行制度的弊端愈发突出。

首先，央行调控能力下降。在过去十年中，购入外汇资产以及随后冲销操作，导致人民银行资产负债表规模急速膨胀，负债和资产结构也出现了较大的变化。就规模而言，从 2003 年到 2014 年 8 月，央行资产负债表规模从 62004 亿元增长到 330634 亿元，增长超过 5 倍，年均增速在 45% 左右。同时，央行的资产负债结构也出现了重大的变化。在资产方，以外汇资产为主的国外资产急速上升，从 2003 年的 31141 亿元（其中，外汇资产 29841 亿元）上升到 2014 年 8 月末的 280184 亿元（其中，外汇资产 272151 亿元），增长近 9 倍，占中央银行资产的比重从 2003 年的 50%（其中，外汇资产占比 48%）上升到 2013 年年底的 84.74%（其中，外汇资产占比 82.31%）。在负债方面，2003 年年初，央行最大的负债项目为货币发行，在央行负债中占比约为 44%；其次是金融机构存款和政府存款，占比分别为 30% 和 7%；到 2014 年 8 月，其他存款性金融机构存款上升为央行第一大负债项目，余额达到 206042 亿元，占比 65%；货币发行退居第二，占比大幅下降到 20.5%；央行票据在 2009 年后占比大幅下滑，从 15.6% 下降到目前的 2.4% 左右。

资产负债表结构的上述变化，严重削弱了央行的宏观调控能力。从理论上讲，现代货币政策主要是通过中央银行调控政府和商业银行等金融机构的融资成本和规模来进行的。当央行自身对于两个调控对象都处于债权人地位时（即被调控对象向央行借款），它对货币、信贷和利率的调控都是有效的，但是，当央行对两者都处于债务人地位时（即央行向被调控对象借款），央行的政策调控空间就会受到很大的限制。而从上面的资产负债表分析看，人民银行对政府以及存款金融机构都处于净债务人的地位，其中，尤其是对存款性金融机构（商业银行）的负债（包括准备金存款和债券发行两项），已占其负债总额的 66.83% 左右。人民银行对政府和金融机构（特别是对金融机构）的这种"双赤字"地位，极大地弱化了央行货币政策的效力。它使得人民银行难以运用市场化的手段来影响金融机构的行为，进而也就难以运用市场化的手段来调控货币和信贷供给，最终它不得不诉诸直接的信贷管控来建立自己的权威。

通过央行票据发行、提高法定存款准备金为主来冻结银行流动性，以及直接的信贷管控来限制信贷供给，尽管在短期内是有效的，但却给金融体系造成了长期制度性的扭曲。银行体系大量资金闲置（法定存款准备金总额应在 20 万亿左右），使资金市场的供求关系在很大程度上不能反映自身的真实情况，更不能反映实体经济的真实状况，这导致资金定价出现偏差，进而导致资源的错误配置。

其一，不符合实体经济发展的需要。对银行信贷投放过于严厉的约束，使得储蓄向投资的转化受到障碍，这些在一定程度上削弱了银行体系的金融中介功能。在新常态下，投资在很长一段时间内仍会是支持中国经济发展的主导因素，因此，对储蓄、投资转化的抑制，不仅无助于经济结构的调整，还可能对实体经济造成严重的伤害。

其二，严重恶化了小微企业及相对弱势主体的融资可得性和融资成本。由于信贷总量受到严格限制，金融机构配给力度明显加大，面对地方政府和大型企业对资金的争夺，相当数量的小微企业和弱势主体被挤出了正规的信贷市场。这些主体只能不得已转向民间金融以及新型的网络借贷，所付出的资金成本远远高于银行信贷。相关数据显示，2013 年以来，民间借贷的平均年利率基本都维持在 20% 上下，网络贷款利率则要更高。

其三，扭曲了金融机构的微观行为。为弥补资金被冻结所带来的机会成本，银行普遍采取了多种所谓的"创新"加以应对。一方面是提高贷款的综合收益率。在很多场合，银行并不直接提高贷款利率水平，而是通过增加其他非利息收费项目，来增加贷款业务的综合收入。这种做法实际上抬高了企业的融资成本。另一方面，为绕开监管限制、降低成本，银行加快了信贷业务表外化步伐，与之相应，"影子银行"的规模迅速扩张。终至在2014年年底召开的中央经济工作会上，习近平总书记将影子银行列在四大风险源之二加以强调。

其四，加大了银行体系的流动性紧张。外汇占款为主导的基础货币供给体制，使银行体系的短期流动性极易受跨境资金流动和外汇储备变动的影响。由于法定存款准备金率高企，银行大量资金被锁定且不能用于相互间的清算，外汇占款的波动对银行体系流动性的影响愈发明显。在这种情况下，外汇占款增速减缓或减少，都会引发银行体系的流动性紧张，如果中央银行应对不当，这种流动性紧张就有可能演变为全面的流动性危机。2013年6月爆发的"钱荒"，便是这种流动性风险的集中体现。考虑到未来，随金融开放度进一步提高和跨境资金流动规模扩大，外部环境变化（如美联储加息）对中国银行体系流动性的影响，或许将越来越明显。

以上种种说明，在从货币向信用转换的过程中，存在着多种制度或政策性障碍，这些障碍从供给角度提高了信用成本，导致利率居高不下。加之，对民营企业的歧视以及对国企等借款者预算约束软化等因素，又进一步加深了这种扭曲。

上述金融乱象不仅导致各类民间金融、影子银行、互联网金融乃至高利贷等大行其道且屡禁不止，而且由于它固化了"贷款难、贷款贵"困境，将对我国经济的长期发展形成严重的成本约束。这一有悖常理的现象必须改变，否则我国经济的长期增长动力将受到损害。为此，以下三项措施可供考虑：

第一，改革现行外汇储备管理制度。由于我国外汇储备由货币当局（中央银行）管理，这种制度安排使得我国的货币政策在事实上被外汇储备绑架。形成了"储备增长→货币供给扩张→央行对冲→法定准备金率提高→可贷资金短缺→利率水平攀升"的连锁反应。这也是导致货币宽松与利率高悬并存的荒谬现象的主要根源。为此，我们主张大规模改造央行的资产负债表。基本方向是将外汇储备（资产）和对应的法定准备金和央票（负债）同时从央行资产负债表中移出，或单设"外汇平准基金"（如美国）、或单设"外汇基金"（如中国香港）、或单设"外汇特别账户"（如日本）、或单设"主权财富基金"（如新加坡、我国的中投公司等）。改造后的央行资产负债表，应使得央行对其调控对象——存款货币金融机构、政府等——保持净债权人地位，由此重新确立央行货币政策调控的权威。

第二，改革多部门分业监管模式。近年来，我国金融业发展的一个极为重要的现象，就是银行、证券、保险、信托等金融业已经在产品层面上出现了大规模混业。在此情势下，仍然在宏观层面坚持分业监管，将难以把握信用总量的规模、结构和动态变化，弱化监管效率。更有甚者，在大量监管套利合法化的同时，当前分业管理体制也会致使大量新的金融活动处于无人监管的境地。显然，我们应当借鉴美、英、欧的成熟框架，从分业重归统一监管，进而从体制上改革目前心劳日拙、事倍功半的分业监管乱局。

第三，摈弃繁复且多已过时的"政策约束"。近年来，有关当局不断推出很多对金融机构和金融市场实施管制的"政策约束"，如信贷额度配给、限制对地方融资平台和房地产业提供贷款等。在这些重重叠叠的管制下，金融机构为了生存，势必想方设法规避行政色彩极强且部门间严重分割的金融监管，从事监管套利。加之多个监管规则和监管部门并存，客观上增加了通过监管套利进行"息差交易"的机会。同时，繁杂的政策约束也使我国金融抑制的局面进一步恶化，并导致大量资金在金融部门内部自我循环、自我服务，甚至"创新异化"等一系列严重后果。为此，我们应彻底抛弃动辄"差别化""定性""定向"调控的思路，慎行非市场化管制手段，而改用各种监管指标，实行间接管理，进一步深化金融体系的市场化改革。

六、全球治理出新规

2007 年全球金融危机爆发之后，全球范围内展开了再平衡与结构调整的竞赛。发达经济体一方面致力于在国内推进结构改革，另一方面急于谋求重塑全球治理框架，并确立其主导地位。特别是在经贸和国际投资领域，美欧等发达国家和地区不满于现行的全球化模式，试图通过改变规则提高其自身优势，并在客观上形成对中国不利的国际竞争局面。

近年来，美国主要凭借三大区域谈判进行贸易战略部署，即：跨太平洋伙伴关系协议（TPP）、跨大西洋贸易与投资伙伴关系协定（TTIP）与国际服务贸易协定（TISA），其中 TPP 和 TTIP 聚焦于生产环节和经济体制领域，TISA 侧重于服务贸易领域，构成了"货物贸易——服务贸易——投资"三位一体的新形势。三大谈判相互影响、相互补充，构成了从双边、区域到诸边、多边的全方位的贸易战略。由三大谈判形成的国际新规则必将对世界经济秩序与格局产生冲击，并对中国提出新的严峻挑战，因为在这些新规制定过程中，包括中国在内的诸多新兴经济体被再次"边缘化"了。

新规则有一些共同的典型特征，如以服务贸易、投资取代货物贸易成为贸易规则的核心，标准和自由度更高等，特别是新规则更多地体现了高收入国家的意志。新规则是以美国为首的高收入国家为了促进本国增长与就业而推动建立的，它们适应了发达国家的需要，而且，多数新规或明或暗地抛弃了 WTO 对发展中国家的优惠政策，其中新提出的很高的标准和很广的自由度远远超出了许多发展中国家的承受能力，也与发展中国家在全球经济中的责任义务不相符，实质上起到限制发展中国家的作用。如在 TPP 框架中，美国主张针对敏感产品实施原产地规则就带有贸易保护主义色彩，对纺织品的生产采用北美自由贸易区的"纺纱前沿"方法，即从棉纱开始都要在 TPP 成员国中生产，就明显地有排斥中国的倾向。

在这些贸易和投资新规则的谈判中，美欧日等发达国家和地区作为规则主导国潜在利益丰厚。新规则范围广、自由度高、标准高，有利于发达国家发挥产业优势和技术优势，对这些国家的经济增长、出口与就业产生强大的促进作用。在促进经济增长方面，美国国际贸易委员会估计，达成 TPP 协定将促进美国 GDP 年均增速 0.4 个百分点。欧盟预测，TTIP 协定会抬升美国 GDP 年均增速 0.4 个百分点，可使欧盟 GDP 年均增速上升约 0.5 个百分点。日本内阁测算，实行新规，日本 GDP 在 10 年内年均增速会提升 0.6 个百分点。在促进出口增长方面，美国国民经济研究局研究数据显示，若非关税壁垒削减为目前的 1/2，TPP 协定将促使美国出口年均增长 4 个百分点，美国贸易代表办公室则预计 TISA 将带给美国两倍的服务贸易出口额。欧盟预计 TTIP 协定可使欧盟出口年均增长 6 个百分点。由于日本在工业制成品出口方面有极大优势，TPP 协定将极大促进日本的工业制成品出口。

与此相反，新兴经济体和发展中国家的增长潜力和发展空间可能受到抑制。在三大谈判中，中国、俄罗斯、印度等主要新兴市场国家集体"被缺席"。一方面，以 TPP 和 TTIP 为首的区域贸易协定将着重扩大区域内贸易额，被排除在外的新兴经济体和发展中国家因此受到遏制；另一方面，失掉贸易规则制定的话语权，将使新兴国家继续陷入被动，超过自身经济发展水平的高标准将阻碍出口增长，"边界内规则"对国家内部经济政治体制调整与改革施加强大压力，"原产地规则"将使全球产业链中间产品生产国的利益蒙受损失。（赵春明，赵远芳，2014）

特别地，对中国而言，新贸易规则的高标准，势将成为新形式的非关税壁垒，会影响我国的出口规模和经济增长。据北京大学国家发展研究院课题组（2013）测算，如果我国不加入 TPP，出口增速将比 2013 年预期增速下降 1.02 个百分点，GDP 增速将下降 0.14 个百分点。[①] 这些损失似乎不是很大，但是与不加入相比，中国加入 TPP 之后的收益则很显著：出口增速将提高 3.44 个百分点，进口增速将提高 5.58 个百分点，GDP 增长速度将提高 0.68 个百分点。其次，美国通过将中国排除在主要贸易协定之外，达到制衡中国在亚太地区地位，冲击中国区域合作战略的目的，这将给中国带来压力。最后，国际贸易新规则中的边界后规则已经深入国内，除经济领域外还涉及非经济领域，可能对中国的经济政治体制造成深远影响。美欧一直认为中国的出口优势主要来源于政府的支持和国有企业，并因此给中国贴上"国家资本主义"标签，如此看，TPP 和 TTIP 中主推"竞争中立"原则，降低政府对经济活动的支持，就有着明显的针对中国的意图，进一步还有可能影响我国国有企业改革进程。

中国应对国际新规则的挑战，应侧重以下几个方面。

一是通过新的全球治理平台，如 APEC、G20、BRICS 等，逐步提高自身的话语权。可喜的是，这种努力已经卓有成效地展开。2014

---

① 北京大学国家发展研究院课题组：《中国应尽快加入 TPP 谈判》，《第一财经日报》2013 年 10 月 14 日。

年北京的 APEC 峰会上，中国提出了一半以上的建议，并且得到许多
APEC 成员的支持。之后，在澳大利亚布里斯班的 G20 峰会上，也有
15% 左右的建议是由中国提出的。这些都反映出中国国际经济话语权
的提升。

二是通过新的合作机制，如金砖国家开发银行、上合组织开发银
行、亚洲基础设施投资银行、"一带一路"、丝路基金等，重视与发展
中国家拓展经贸关系，冲破发达经济体的封锁。

三是以国际新规则推进相关领域改革。特别是对于那些有利于中
国改革与发展大势的国际新规，我们不应抵触，而应顺势而为，在知
识产权、环境保护等领域，我们更要迎头赶上。对于一些专门针对中
国的条款，既要认识到它的歧视性，同时也要站在全球战略与国内改
革的大背景下，有选择性地推进。比如 TPP 和 TTIP 中提出国企的竞
争中立原则，要求保证国有企业的信息被充分披露，且政府政策必须
在不同类型企业的竞争中均保持中立。这对我国国有企业"走出去"
以及我国的国家经济安全与独立都会产生冲击。但也要认识到，中国
国有企业自身的确存在的一些行政垄断、对政府优惠政策的依赖，以
及由此产生的低效率等，这些都是需要改革的方面。这就要求我们在
关系国家安全和国民经济命脉的重要行业和关键领域，采取必要的限
制措施；在竞争性环节，加大开放力度，允许更多国有经济发展为混
合所有制经济，允许非国有资本参股国有资本投资项目。

第六章　引领新常态

无论如何界说新常态，经济增长速度下滑都构成其主要外在特征。这一表象，致使很多研究者较多地关注其负面含义，更有甚者，少数研究者索性将之与"经济衰退"甚至"硬着陆"等量齐观，心怀叵测者更据此再次唱衰中国。

经济增长速度下滑只是新常态的外在表现之一，其深刻的内涵则是经济增长的质量提高和效率改善，综合的结果是中国经济迈上新台阶。在前文中我们已经指出，新常态区别于常规经济周期中的衰退和萧条阶段，它是经济发展脱离常轨，另辟蹊径的新发展。在全球范围内，另辟蹊径意味着供应链的重组、经济结构的转变、治理体系的重塑和大国关系的再造；在国内，除了上述全球共性，另辟蹊径还意味着对投资驱动和出口驱动增长方式的脱离，对质量、效益、创新、生态文明和可持续发展的追求，并由此越过中等收入陷阱，迈上中华民族伟大复兴之路。简言之，新常态意味着中国经济"浴火重生"。

然而，中华民族的伟大复兴绝非唾手可得。当我们说新常态开拓了通往新繁荣的康庄大道，那也指的是它为我们创造了新的战略机遇，为我们的新飞跃提供了新的要素、条件和环境——机遇要变成现实，还有待我们积极推进各个领域的改革，切实完成转方式、调结构的历史任务。因此，"认识新常态，适应新常态"固然显示了面对战略转折的平常心，"引领新常态"更集中体现了面对新挑战的深思熟

虑和敢于胜利的勇气。

一、充分发挥投资的关键作用①

在新常态下，稳增长依然是国民经济运行的重要目标之一。分析近年来消费、投资和净出口（外需）对国民经济增长的贡献率及其变化轨迹，有助于我们精准地寻找确保稳增长的政策安排。

统计显示（见图6.1）：2006年以来，在一系列强刺激政策作用下，国内消费对经济增长的贡献率曾有过稳定增长。但是，在2011年达到55.5%的高峰之后，其贡献率一路下滑，两年跌落5个百分点，2013年降至50%。这说明，最终消费作为慢变量，其规模相对稳定，急切间难有作为。再考虑到某些领域的公共消费在一段时间受

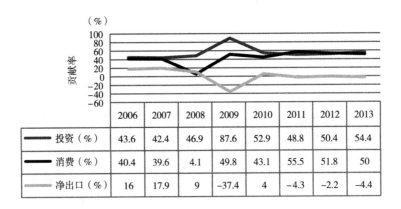

（%）贡献率	2006	2007	2008	2009	2010	2011	2012	2013
投资（%）	43.6	42.4	46.9	87.6	52.9	48.8	50.4	54.4
消费（%）	40.4	39.6	4.1	49.8	43.1	55.5	51.8	50
净出口（%）	16	17.9	9	−37.4	4	−4.3	−2.2	−4.4

图6.1　消费、投资和净出口对经济增长的贡献

资料来源：国家统计局。

---

① 中国社科院经济研究所常欣研究员对本节的写作有重要贡献。

到抑制、一时间尚无替代手段的情形，消费对经济的拉动作用短期内更难大幅提升，无法成为促进经济稳定增长的主导力量。同期，净出口对增长的贡献率更是急剧下挫。在 2009 年创纪录的 −37.4% 之后，除了 2010 年略升为正，其余三年均呈负值，2013 年贡献率仍为 −4.4%。考虑到 2013 年年初部分地区和行业出现较大规模虚假套利贸易，导致外贸数据扭曲的因素，外需（净出口）的贡献或将进一步降低。相比而言，投资的贡献率虽有波动，但却呈稳定增长态势：从 2006 年的 43.6% 提升至 2013 年的 54.4%，七年内跃增 10 个百分点以上，2013 年，它更再次超过消费对 GDP 的贡献率。这一图景告诉我们，至少在中期内，稳定经济增长的动力仍然主要来自投资。我们理解，这应当是中央反复强调要发挥投资的关键作用的深意。

然而，改革开放以来的中国经济史同时也明白无误地告诉我们：依靠投资来主导经济增长，很容易助长唯 GDP 倾向，恶化国民收入分配，忽略环境资源约束，造成生态破坏，并形成产能过剩。这意味着，如果我们不得不依赖增加投资来稳定经济，那么，高度警惕并认真防止那些已经被历史证明的投资弊端，便关乎政策的成败。于是，认真研究投什么、谁来投以及怎样投的问题，便成为发挥投资关键作用的核心。换言之，要发挥投资的关键作用，首先须对其进行深度改革。

（一）投什么？

应当看到，经过长达三十余年高强度的工业化，在传统商业环境下可创造较大利润的工业投资项目已基本被挖掘殆尽；基础设施中的经济基础设施，主要包括公用事业（电力、管道煤气、电信、供水、环境卫生设施和排污系统、固体废弃物的收集和处理系统）、公共工程（大坝、灌渠和道路）以及其他交通部门（铁路、城市交通、海港、水运和机场）等，经过 2009 年"四万亿财政刺激计划"的横扫，也已没有多少有利可图的空间。因此，要想启动投资引擎，我们必须寻找新的领域。我们以为，有三个领域需要重点关注。

其一，有利于促进消费增长的社会基础设施领域，主要包括教育、文化、医疗保健等。应当认识到，进一步加大对教育、医疗卫生等社会性领域的投资力度，不仅增加了当期投资，而且对长期拉动消费具有积极的正面效应。一方面，可以降低居民的远期支出预期，减少预防性储蓄，提高居民的消费倾向；另一方面，可以促进人力资本积累，提高劳动者的"可行能力"和在初次分配中的"议价能力"，改变居民部门在国民收入分配中的不利地位；同时，也可以有效解决农民工及其家庭的市民化问题，充分释放城市化对扩大消费需求的促进作用。在加强社会基础设施投资的过程中，特别要关注健康服务业这一新兴服务业所蕴含的巨大需求。该产业覆盖面广、产业链长，对经济增长的拉动作用显著。在一些发达经济体，这些产业已成为现代服务业的重要组成部分，如美国健康服务业规模占 GDP 的比例超过17%，其他经济合作与发展组织（Organization for Economic Co-operation and Development，简称 OECD）国家一般也达到 10% 左右。2013年 10 月，我国出台了促进健康服务业发展的指导意见。可以预期，随着居民收入和消费水平的提高，特别是老龄人口不断增多，健康服务业蕴含着极大的投资潜力和空间。

其二，有利于技术进步的更新改造投资。在推动经济增长由要素投入驱动转向技术进步或全要素生产率驱动的过程中，迫切需要加大企业设备更新和技术改造升级的力度。从外部增加此类投资的常规路径固然可行，但更应该考虑通过加速折旧的方法，内在地调动企业设备投资和更新改造的积极性。特别是对于高新技术企业、改造升级的传统产业和战略性新兴产业，为避免无形损耗可能带来的损失，应允许它们以更大的幅度加速折旧。与基于预计可使用年限的平均折旧法（所谓直线折旧法）相比，加速折旧法（递减折旧法）能更快地摊销应折旧金额，使固定资产的价值在使用期内尽快得到补偿，加快设备投资的现金回流，更有利于企业的固定资产更新改造。从经济本质看，加速折旧是一种"税式支出"，较之政府直接支出，除了对国库不产生直接压力之外，更有激励企业自主投资和自主创新的积极作用。从国际上看，美国等发达经济体总是将加速折旧作为走出危机的强力措施来采用，借以提高投资率，进而提高劳动生产率和国际竞争能力。这些经验值得借鉴。2014 年，国务院颁发了有关实施加速折旧的具体办法，势将对我国的投资乃至技术进步产生深远的正面影响。

其三，有利于可持续发展的节能环保产业。在资源环境约束不断增强，特别是以雾霾为代表的各种环境污染问题频现的新形势下，发展节能环保产业，为切实解决高耗能、高排放的问题提供了治本路径。该产业已被列入国家加快培育和发展的七大战略性新兴产业之一，2013 年 8 月，国家又发布了加快该产业发展的指导意见，提出"十二五"期间节能环保产业产值年均增长 15% 以上，到 2015 年行业总产值达到 4.5 万亿元，成为国民经济新的支柱产业的目标。目前来看，大气污染治理、水污染治理、生态修复以及资源循环利用，都是节能环保产业的投资重点。然而，在现行的商业环境下，更新改造投资得不到足够的刺激，而对社会基础设施和节能环保产业的投资，则难有可持续的商业价值。这都会成为制约投资增长的硬约束。为稳定经济增长，我们必须迅速落实十八届三中全会决定要求，"凡是能由市场形成价格的都交给市场，政府不进行不当干预。推进水、石油、天然气、电力、交通、电信等领域价格改革，放开竞争性环节价格"①，更多转向市场化的价格形成机制"，使企业获得足够的收入以弥补成本并得到合理的回报，从而形成稳定的投资行为。

（二）谁来投？

在传统上，基础设施和公共服务领域是政府投资的天然领域，原因在于，这些领域突出地存在着自然垄断性、公共性和外部性。然而，随着市场不断发展和实践不断深入，特别是，随着现代科技尤其是信息技术对上述领域的全面渗透，这些影响社会资本进入的障碍，或者渐次消失，或者可以通过一定的制度安排予以克服。基于这些实践，经济理论对自然垄断性、公共性和外部性有了新的概括，从而为在这些领域进一步改革投融资体制开拓了可行的空间。

首先看自然垄断性。社会资本的进入可以在两个层面上实现。首先可采取资本形式进入。自然垄断性不应成为产权独占的依据。即使是具有整合效应的网络基础性设施，也可将投资环节与运营环节分开，形成投资主体多元化和经营主体一元化并存的格局。其次也可采取经营权形式的进入。在某些具有网络特征和自然垄断特性的领域和环节，尽管通过"市场内的竞争"方式实现进入难度较大，但通过政府特许经营、委托经营或承包经营等制度安排，仍可确保社会资本通过"争夺市场的竞争"方式实现有效进入。此外，随着技术创新、市场容量扩大和金融创新的出现，基础设施中某些原来被认为具有自然垄断性的业务或环节，其进入壁垒和退出壁垒被逐渐克服，成为能够

---

① 《中共中央关于全面深化改革若干重大问题的决定》，人民出版社 2013 年版，第 12—13 页。

引入社会资本的非自然垄断性业务或环节。

其次看公共性。社会资本的进入可以基于两个方面的因素。一是公共产品属性的变异。随着需求水平的提升和需求弹性的增大，以及技术的发展特别是排除性量化技术的出现，纯粹公共性正经历着向非纯粹性或准公共性的转变。这为社会资本以市场化方式提供产品开辟了广阔的空间。二是灵活的制度安排。对于某些商业性不足的准公益性项目，可以通过多种方式（如土地综合开发利用、公益性环节财政补贴等）改善投资的预期收益，吸引社会资本进入。即使是某些纯粹公共产品以及外部性相当显著的纯公益性项目，也可通过政府采购制度、经营权拍卖、招投标制度以及承包和委托经营等形式，实现（纯粹）经营权方式的社会资本参与。

最后看外部性。社会资本之所以能够进入存在外部性的领域，主要是因为政府的责任事实上是有限的。在社会生活中，某些优效品与服务，由于存在着消费上的正外部性，需要且应该由政府补贴或免费提供。但这种提供责任，主要强调的是政府在消费环节上的支付责任，而不是其在生产环节上的供给责任。特别对于教育、健康服务这类准公共产品而言，完全可以不要求由政府直接生产，甚至可以不要求由政府直接投资。除了那些服务质量可监督程度和可立约程度比较低的领域外，政府应大规模采取服务合同外包或政府采购合同、服务管理合同、特许经营合同等，充分调动社会资本在服务供给中的作用，政府则相应地把自己的责任确立为加强监管。

为了让社会资本发挥更大作用，还应尽快改革投融资体制，着力降低行业进入门槛，逐步向社会资本让渡部分所有权或经营权，进而在基础设施和公共服务的提供上实现竞争主体多元化和股权结构多元化。应尽快改变政府主导投资特别是基础设施和公共服务领域投资的局面，更多采用公—私合作伙伴关系（Public-Private Partnership，简称 PPP）投融资模式，加强政府公共投资与民间投资的合作。

为有效动员、吸引社会资本进入基础设施和公共服务领域，应确保新进入企业和原有垄断企业（在位企业）之间实现公平竞争。应加强《反垄断法》的执行力度，有效控制市场关闭行为。监管部门应着力解决三个问题：一是接入政策特别是接入定价问题，二是网络租借或网间互联互通问题，三是普遍服务与交叉补贴问题。特别地，为尽快改变不对等竞争局面，对原有垄断企业和新进入企业可实行不对称监管，管住大的，扶植小的。当真正形成有效竞争局面后，可改为中性的干预政策，以充分发挥市场竞争机制的调节功能。

确保政府承诺的可信性以及政策的稳定性具有同等重要性。由于基础设施的资本密集度高，延续时间长，资产专用性和资本沉淀性强，加上合同的不完备，潜在的投资者往往担心利益被侵占。这就需要创造相对可信的投资政策环境。要保证政府和民间部门所订立的合同内容明晰且切实可行，并保持政府相关政策的稳定性和连贯性，使民间资本的参与建立在一个可预见的制度框架下；同时，要在法律框架下约束政府未来的行动，保证其对民间部门的承诺得以兑现，使投资者得到应有的回报；当政府不能履行承诺而给投资者带来不必要的损失时，也要给予其相应的经济补偿。从而稳定投资预期，正向强化投资激励，动员和吸引更多的民间资本进入基础设施领域扩展投资。

（三）如何投？

中国是当今世界上少有的高储蓄率国家，2013 年年底，国内部门总储蓄率超过了50%。就此而论，中国国内投资的资金约束，并不体现为有无，而是体现在用何种方式将储蓄转化为投资。实在说，这是我国金融领域长期存在且始终未能解决的问题。

关于"如何投"，有两个关键问题亟须解决：

一是债务依存度过高。在我国目前固定资产投资资金来源中，债务性融资占据首位。一般而言，随着传统银行系统以外的金融中介活动快速发展和金融脱媒趋势加速，债务性融资比重将逐步下降，股权性融资相应上升。中国的情况则不然。金融的脱媒并没有如欧美等发达经济体那样，导致股权融资比重上升，多数情况下，只是改变了间接融资的路径。通过信托贷款、委托贷款等金融机构表外融资，中国的间接融资依然保持着绝对的统治地位。加之公司信用类债券（包括企业债券、短期融资券、中期票据、公司债券等）发行规模不断上升，中国经济过分依赖负债融资的格局近年来似有恶化之势。资本金或所有者权益在融资结构中的比例过低，加重了企业资产负债表的资本结构错配风险，也提高了全社会的债务水平和杠杆率，加剧了风险的积累。第五章已经指出，金融危机以来，全社会杠杆率呈现出较为明显的上升趋势，各部门（居民、非金融企业、政府与金融机构这四大部门）加总的债务总额占 GDP 的比重从 2008 年的 170% 上升到 2012 年的 215%。其中，企业部门债务总额占比高达 113%，远远超过 OECD 国家的风险阈值。

为分散过度依赖债务融资带来的风险，我们需要认真推动中国金融结构从债务性融资向股权融资格局转变，优化投资的资金来源结构。为此，应大力发展多层次资本市场，创造有利于股权资本形成的机制，多渠道增加股权性投资比重。应鼓励将债务性资金转变为股权性资金的金融创新，特别是应推行公用事业项目的证券化进程，为城市基础设施建设以及医疗教育等公共服务供给解决长期资金筹集问题。通过提供稳定持续的中长期资金，我国资产负债表中的期限错配问题，方能得到解决。

二是资金成本上升。近一段时期以来，我国资金价格上行的态势凸显。据估计，从 2013 年 6 月至今，市场资金成本平均上升了 2 个百分点左右。在我们看来，这主要是我国金融市场存在严重扭曲所致。

从资金供给侧看，在货币信贷存量较高，社会融资规模较大的情况下，资金成本的上升，反映了部分空转资金在金融部门内部的自我服务和自我循环。最近两年以来，商业银行资产负债结构的一个重要变化，是同业业务增长迅猛。以 16 家上市银行为例，其同业资产规模由 2010 年年底的 5 万亿元提升至 2012 年底的 11 万亿元；同业资产占银行业总资产的比重，则由 2010 年的 8% 上升至 2012 年的 12%，有些股份制银行已经超过 25%。同业业务的快速扩张，凸显了我国金融抑制的恶化，以及在此环境下的"创新异化"，体现了监管套利严重存在（金融机构试图避开行政色彩的金融监管，包括信贷额度配给制和限制对地方政府融资平台和房地产业提供贷款）、资本金约束、贷存比的流动性约束，同时追逐存贷款利率分割管制所创造的息差交易机会。应对以监管套利为主要目的的同业业务的无序扩张，根本手段是进一步放松管制，特别是放松对银行体系的信贷额度控制和贷款投向管制（改用各种监管指标的管理）；应尽快改革已经跟不上形势发展的分业监管格局，同时，进一步推进利率市场化，通过体制内外资金成本的收敛来缩小利率双轨制带来的息差交易空间。

从资金需求侧看，资金成本的上升反映了广泛存在的道德风险问题。地方政府和国有经济部门作为重要的融资主体，其软预算约束问题严重存在，这是产生道德风险的最大温床。由于这些融资主体对资金价格的敏感性相对较低，对资金需求始终处于饥渴状态，其融资规模的扩大，便会推高全社会的融资成本。对此，应深入推动地方政府和国企改革，硬化它们的预算约束，减少它们对资金的无效占用。

同时，还有一类道德风险，虽然不是严格意义上的资金需求侧问题，但也与此密切相关。这就是"刚性兑付"的存在，助长了无风险的市场套利行为，加剧了投资者的道德风险。目前来看，一些金融产品（如银行理财产品）的投资者往往缺乏基本的风险意识，认为这些产品不存在违约风险，或者认为，即使存在违约风险，也会有银行或政府的隐性担保作为安全保障。事实上，虽然从法律角度说，大部分理财产品是非保本的，损失应由投资者承担。但考虑到银行自身声誉，理财产品一旦出现投资失败导致产品违约，最终还是由银行承担还款责任。至于地方政府，出于社会稳定的需要，往往采取干预措施阻止投资产品违约。这种隐性担保的存在，使得高利率金融产品被视为"无风险"溢价的产品。投资者对低风险、高收益金融产品的特殊偏好，是推动全社会利率水平不断走高的需求面因素。为摆脱这一困局，首先应打破"刚性兑付"，允许违约事件发生，特别是应减少中央政府信用背书下的道德风险发生。当然，通过推进改革，强化市场自身的自律机制，使风险与回报相匹配，具有更根本的意义。

从上述三个层面把握好新常态下的投资问题，就能创造有利条件，进一步解决从 GDP 中挤出水分的问题。我国经济中的水分，主要与投资驱动的经济增长方式密切相关。众所周知，投资在当年是内需，它直接被计入 GDP 中，在未来则形成资本，其中生产性资本如厂房、设备等，将形成未来的生产能力；非生产性资本如住房、生活基础设施等，则源源不断为社会提供服务流。就此，有两个问题需要深究：其一，年复一年的投资是否确实形成了有效的资本？显然，如果投资顺利形成生产能力，生产出的产品又都能被国内需求"吸收"，那么，这种增长是无水分的；反之，如果投资不能顺利地形成有效的资本，变成"胡子工程"甚至是"豆腐渣工程"，与这部分投资对应的 GDP 就是水分。其二，假定投资形成了生产能力，进一步要问的是：这些生产能力是否被充分利用了？显然，如果生产出的产品因无对应需求而形成积压，或者，因市场需求不足，这些生产能力自形成之日起就压根没有发挥过作用，而且是在大量人群收入水平未能提高，从而消费力不足的同时出现产能过剩和产品积压，与这种状况对应的 GDP 便是水分。毋庸讳言，产能过剩这种水分，已经构成我国经济进一步发展的"死荷重"。其三，我们常见到一些固定资产投资，如住房、公园、道路、城市景观等，刚建成没几年，就因为种种原因或拆或扒，推倒重建，在一建一拆之中，大规模的 GDP 便被创造了出来，但这些 GDP 中无疑包含了大量的水分。

如果新常态下的经济增速下降主要归因于投资增长率下降，而投资增长率下降在很大程度上有助于我们压缩 GDP 中的水分，那么，这种减速就值得我们举双手欢迎。

二、启动创新驱动新引擎

改革开放三十余年来，我国根据自己的发展阶段、资源禀赋和比较优势，选择了由投资和出口带动的要素驱动的发展模式。这是与我国国情相适应的现实选择。实践证明这一选择是正确的，我们据此创造了"中国奇迹"，并且成功进入中等收入国家行列。然而，随着要素报酬递减规律发挥作用、人口红利的逐步衰减和资源环境约束的强化，"高投入、高消耗、高污染、低质量、低效益"的经济发展模式已难以为继。如果我们不能随着发展阶段的转换及时转变发展方式，那么经济社会发展就容易陷入长期停滞状态，陷入"中等收入陷阱"势将必然，我们就会永远成为二流国家。简言之，历史发展到今天，我们已经不可能依靠要素规模驱动力支撑我国越过"中等收入陷阱"，要想百尺竿头更进一步，我们必须不断提高要素质量，更多依靠人力资本质量和技术进步，让创新成为驱动发展的新引擎。

改革开放三十余年，我国经济已经为全面转向创新驱动积累了丰厚的基础。其一，我国已经是世界上具有重要影响力的科技大国，创新能力大幅提升。我国国家创新指数由 2000 年的全球第 38 位上升至 2013 年的第 19 位。国际科学论文产出实现量质齐升，论文数量居世界第 2 位，被引论文数量居世界第 4 位。本国人发明专利申请量和授权量分别居世界首位和第 2 位，分别占到全球总量的 37.9% 和 22.3%。高技术产业出口占制造业出口的比重居世界首位，知识服务业增加值居世界第 3 位。其二，作为世界第二大经济体，我国研发经费投入持续增加，为实施创新驱动发展奠定了坚实物质基础。2013 年我国国内生产总值为 56.89 万亿元，全社会研发（R&D）经费支出 11906 亿元，居世界第 3 位，占国内生产总值的 2.09%。其三，我国积累了庞大的人力资本，研发人员全时当量居世界首位，占到全球总量的 29.2%，为实施创新驱动提供了人才储备。其四，重点领域和关键产业技术创新取得了丰硕成果，攻克了一大批制约产业发展的关键和共性技术，部分领域取得了突破性进展。其五，科技运行机制发生重要转变，竞争择优成为科技资源配置的主要方式；科研院所改革取得较大进展，很多科研院所完成企业化转制，社会公益类院所分类改革取得稳步进展；其六，《科学技术进步法》《专利法》《促进科技成果转化法》等与创新发展有关的法律法规相继出台，科技政策法规体

系基本形成。①

但是，目前我国的创新驱动仍存在许多的问题：其一，科技体制改革远未到位，政府对创新资源配置干预严重，致使科技及创新领域寻租空间巨大，腐败现象频现，尚未很好地建立起对创新成果的知识产权保护机制。其二，产学研有机结合的技术创新机制有待形成，产业链上下游之间的技术创新结合不够紧密，科技成果转化率低。在科研项目立项、产业关键技术研发等方面尚没有形成上中下游合理分工协同攻关、创新资源共享的机制，没有真正发挥科技在打造新兴产业中的支撑引领作用。其三，以企业为主体的技术创新体系有待完善，企业尚未真正成为技术创新的主体，企业研发投入仍然较低。2012年大中型工业企业研发强度仅为1.38%，创新动力明显不足。其四，自主创新能力有待提高，产业核心关键技术对外依存度高，拥有自主知识产权的技术与产品少。缺乏产业关键核心技术，致使我国在整个世界产业分工格局中大多处于价值链低端。其五，尚未形成激励全民创新发展的环境，我们迫切需要摆脱习惯思维束缚，创造把创新驱动、转型发展的要求转化为全社会自觉行动的创新氛围。

由要素规模驱动向人力资本和技术进步驱动转型绝非易事，特别是对于中国这样一个社会主义市场经济体制尚待完善、收入水平仅仅达到世界中等行列的新兴经济体而言，实现创新驱动发展方式将受到更多挑战与制约。客观地说，几十年来，我国关于创新的会议、文件、决定、规章通过的不可谓不多，专门拨付的资金也不可为不多，但似乎并没有形成大众创新、万众创业的氛围。扪心自问，关键还是在创新领域中没有真正建立"使市场在资源配置中起决定性作用和更

---

① 引自《创新驱动发展战略》未定稿。

好发挥政府作用"的体制机制。如今，当历史再次把创新驱动以前所未有的紧迫性和重要性提到我们面前时，我们确有需要认真梳理国家创新体系的结构、动力和要点。

国家创新体系是支持一国经济发展最重要的基础设施。它指的是由科学研究、工业技术开发直至商业化等一系列创造性活动所组成的不间断链条。其中的科学研究，既包括自然科学，也包括社会科学；而工业技术开发则不仅包括一般意义的产品和服务的研制和开发，还包括诸如生产程序、管理方式的设计，以及近年来兴起的金融工程等为代表的"软产品"的发明。图 6.2 勾画了国家创新体系的基本结构。

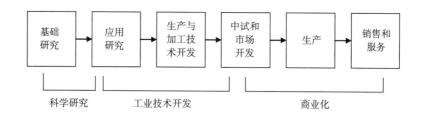

图 6.2　国家创新体系结构

科学研究（包括自然科学和社会科学）是由奉献精神和好奇心驱动的，其目的在于发现真理和自然法则。工业技术开发的源动力是挖掘新的经济增长点，并以此增进人类的福利。商业化则是由利润和市场驱动的，它追求的是扩大产品和服务的产量、范围和深度，增加可靠性、提高生产率和增强生产的可持续性。

在一个有效的经济制度中，人们实行广泛的分工并进行交换。因此，科研、开发和商业化的功能也分别由不同的机构来实施。一般而言，科学研究主要由大学和专业性科学研究机构来进行；应用性研究和技术开发由专业的研发（R&D）机构和企业执行；技术产品的商业化则由以利润最大化为目标的企业来实施。在科学研究和研究成果的商业化之间实行专业化分工之所以必要，是因为，在这两个领域中，举凡运作目标、产出、成功的判断标准和所需要的人才，都存在很大的差别（见表6.1）。

表6.1 科学研究和研究成果的商业化：主要方面的比较

	科学研究	研究成果商品化
运作目标	教育 研究 特别目标（短期）	产品和服务生产 产品和服务销售 技术服务
产出	学生 出版物和信息 新理论和新观念	产品 服务 信息产品
成功评判标准	学生质量 研究水平	产品和服务的价值 利润 市场开发的深度 可持续性
需要的人才	合格的教师 合格的研究人员 科研管理者	各类专家 包括生产、市场开发、销售、融资、劳动力、谈判、公司管理等领域

当然，在现实生活中，各类机构在执行上述功能时难免有所交叉，但是，有一点可以肯定：执行全程功能的机构是不存在的，"包打天下"的机构鲜有成功。

需要指出的是，在如今大公司主宰世界的时代，那些富可敌国的大公司为了在推行全球化战略中加强竞争优势，现在已经大大扩展了它们在国家创新体系中的功能，至于金融机构，特别是投资银行、相互基金和资产管理公司等，现在看起来都更象一个功能齐全的大研究所。这种现象出现，并不意味着分工和交换理论的失效，毋宁说，唯因这些机构之"大"，才使得它们可能在社会分工体系中同时包容更多的功能，才能将本来外在的分工"内在化"为企业内部的分工。更何况，这些企业所从事的基础科学研究，完全与本企业的生产领域相关联，因而事实上还是市场导向的。

每个国家（地区）的创新体系都是在一系列复杂的社会、经济和历史因素的作用下形成的，而且均经历了漫长的发展过程。虽然我们基本上可以把国家（地区）创新体系的形成视为一个自然历史的过程，但是，政府的积极引导和相应的政策刺激也发挥着极为重要的作用。尤其是，在当今变动迅速的知识经济和互联网经济时代，政府若不能高屋建瓴地设计并引导国家创新体系的发展，一国的创新体系就很有可能陷入低效率的泥沼之中，从而大大延缓本国经济的发展。因此，不断分析国家创新体系的利弊并对其不适当之处进行调整，是一件关系国家命运的大事情。

图6.3和图6.4分别刻画了美国、德国的创新体系结构。其横向标示了国家创新体系的不同环节，纵向则指出了资金来源。不难看到，在这些市场经济比较发达、科技比较领先、国际竞争力较强的国家中，其创新体系存在着比较清晰的递进分工结构。在日趋复杂的经济社会中，实行递进分工的要义，是对创新体系的各类参与者进行定位并赋予相应的责任，由此确定他们的行为、责任以及所使用的资源，提高专业化水平，同时，也为的是避免不必要的甚至是恶性的竞争，杜绝资源浪费和低效率。

对于处于传统工业化中后期的中国来说，在设计建立国家创新体系的过程中，不妨借鉴一下别国的经验。如果认为美、德等发达经济

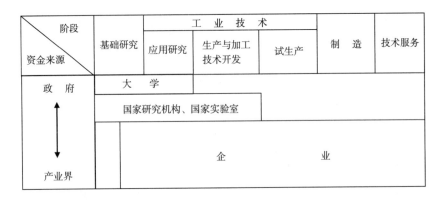

图6.3　国家创新体系示意：美国

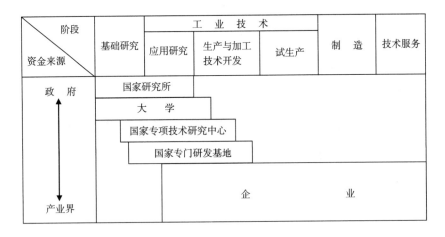

图6.4　国家创新体系示意：德国

体的创新体系是有效率的，那么，将中国与这些国家做些比较，应当有所裨益。

稍事比较就可明显看出，我国的国家创新体系与上列两国存在着较大的差别。

首先，在国家创新体系中，我们的国家科研机构、国家实验室、大学以及各部委、省（市、自治区）的相应研究机构，均承担了过多的功能。毋庸讳言，这种状况，在相当程度上是政府政策导向的结果。应当清楚地看到，让承担着繁重的教学科研任务的校长、院长、所长、主任、教授和研究员们都勉为其难地去"产业化"，去"创收"，不仅妨碍他们集中精力提高教学水平、培养高素质人才、产出高水平的研究成果，而且也很难产生较好的经济效益。可以说，功能分工混淆，对于如今大学校园中的浓重商业气氛以及由此导致的教学水平普遍下降，对于科研机构的科研成果"数量质量两皆平平"的现象，应当负有责任。

其次，在国家创新体系中，我国企业的功能相对较弱。目前，仅有极少数特大型企业和上市公司拥有象样的研发机构，更谈不上把它们的研发活动延伸到基础研究阶段了。造成这种状况有复杂的原因。从历史原因看，我国的企业只是全社会"大工厂"的一个车间，它们生产什么、为谁生产，乃至如何生产，都由国家决定。因此，我国的企业根本就没有任何动力，也不具备适当的条件来从事研发。这种状况，目前并没有根本的转变。另外，我国长期处于"卖方市场"。由于存在着"皇帝的女儿不愁嫁"的基本格局，企业也没有压力去从事新产品和新服务的开发。改革开放以来，这种情况有所改变，一些资力雄厚的上市公司，以及一些迅速成长起来的民营高科技公司，均已开始在研发上投入大量资金和人力。但是，由于规模过小，少数企业对研发活动的重视并不能从总体上改变我国企业研发经费严重不足的问题。

从结构上看，我国基础研究占研发经费总额的比重明显偏低，而投放在开发上的比例则为很高，显然商业导向过度。研究机构的情况更为严重：其基础研究、应用研究和开发研究的经费各自的占比中，也是开发费用占最大比重。值得注意的是，国家设立的专门性科研机构的经费比重中，基础研究和应用研究占比均比大学低，而开发支出却比大学高出很多。面对这种支出结构，我们不得不对国家设立专门科研机构的目的及其功能有所质疑。

当然，上述种种问题，是多种因素长期造成的，解决这些问题也颇费时日。例如，研究机构热衷于从事开发的现象之所以产生，很重要的原因就在于，我国一直没有产生一个有效的科研成果交易机制，举凡成果的认定、价格的形成和收益的分享等，都还没有成熟的规则。因此，面对科研成果可能被低价收购甚至白白流失的问题，科研人员只好硬着头皮亲自"下海"。可见，要想使科研人员安心去发挥自己的专长，我们不仅需要强调专业化分工，更需要完善保护知识产权的法律体系，并在此前提下创造一个有效的知识产权交换机制，其中，有效的资本市场不可或缺。

指出上述问题意在说明，如果不能对国家创新体系的客观规律有清醒的认识，且不能在战略上给出正确的导向，我国创新驱动战略很难实现。

我们认为，在这个发展战略中应当强调四个要点：第一，应当明确界定科研机构和大学的基本功能，并根据它们承担的社会功能的性质，安排相应的政府资金投入或开放融资渠道；第二，加快保护知识产权法律体系的建设；第三，积极促进科学技术成果的转让和交易，鼓励资本市场和各类产权交易市场特别是草根市场发展；第四，采取各种财政和金融措施，鼓励企业增加研发投资。

在强调创新体系应以市场机制为基础、以企业为主导的同时，我们希望强调一下中小企业的特殊作用。应当说，这些年来，我们的投入不可谓不多，但国家创新体系依然没有充分发展，重要原因之一是：我们在支持高科技企业发展过程中，过于强调大公司的作用，而后者往往过于依赖政府的资金投入和政策优惠。

考察历史，近几十年来，新技术的发展，除了航空航天技术仍需政府投入和大公司投入支撑外，绝大部分高新技术都以充满个性和全面创新为特色，而这些技术成果在推广和应用时又首先被中小企业所吸纳。

为什么有实力的大公司在技术创新和应用推广方面作用反不如中小企业呢？原因主要有三：一是大公司的开发研究不如小公司灵活，应变能力较差。在世界各国，大公司的官僚体制在各个方面都不比政府逊色。它们要决定开始或停止一个科研项目，往往需要经过繁琐的讨论和非常困难的报批程序。而小企业却随时可以启动一个项目，又随时可能被市场所淘汰。二是大公司产品的拓展具有"母体依赖"特性，它们可能对新技术投入较大规模的资金，安排大量的人力，但是，大公司的研发费用总是优先服务于本公司传统产品的升级换代领域，它可以为本公司创造新的部门、新的分公司或子公司，却很难创造出那种横空出世、全新概念的明星企业。三是大公司固然在资金、设备和科研力量等方面拥有优势，但是，由于存在经常性的利润要求，它们不可能长期容忍一些资金被占压在成功前景不明朗，而且占压资金量很大的项目上。

以上所述，是要创造一个有利于国家创新体系发展的体制框架，在这里，我们强调了市场机制的作用。在中国经济的运行中，过于相信政府部门的识别能力，是一个传统的弊端。例如，一家企业只要经过有关部门认定为高科技企业，就可以优先上市。可是谁能保证这种认定是准确和公正的呢？谁能保证不合格的企业不会浑水摸鱼呢？更进一步说，即便在传统的投资领域，我们的投资项目可行性报告其实是可批性报告，那些重复建设、如今造成产能过剩的项目大多数是经过审批的。所有弄虚作假的上市公司，没有一个不是经过像模像样的

"严格"审核的。因此，如果说传统的项目审批都形同虚设，那么，高科技项目审批就更是多此一举了。

这当然不意味着政府对于创业投资体系的发展可以袖手旁观。事实上，政府的作用常常是不可替代的。我们认为，在市场经济体制下，政府的功能，一是创造并维护一个有利于企业创新的社会经济环境，二是在创新的公共品领域，在具有外部性、垄断性领域中，发挥主导作用。

在创造环境方面，两套制度最为重要，一是提供一个"正向激励"（getting incentives right）的激励机制；二是"理顺价格"（getting prices right），即创造一个有利于创新资源有效配置的市场机制。具体而言，"正向激励"是指重构创新激励框架。目前这一机制存在明显不足，表现有二：一是知识产权制度的激励作用未能充分发挥。二是对人力资本的薪酬和产权激励机制尚不健全。为此，应进一步完善知识产权保护制度，加大惩戒力度，提高违法成本，形成可置信的威慑力量；同时，构建市场化的人才创新活动的科学评价和有效激励机制。如推行技术入股和技术期权制度，推进"技术资本化"，使技术人员获得强大创新动力。"理顺价格"则是指充分发挥要素价格的导引作用。发达市场经济体的发展实践表明，在有效的市场机制作用下，由于经济增长中各种生产要素相对价格的变动，经济增长方式自身会逐步地从粗放转向集约。例如，初级的劳动力供给下降将导致其成本（工资）上升，进而迫使企业加强科技创新，提升管理效率，从而节约劳动力的投入。但目前中国的现实是，由于要素市场化程度不足，特别是明显滞后于商品的市场化，导致要素价格严重扭曲，诸多要素投入，如土地、矿产资源等的价格被明显低估，直接刺激了市场主体密集使用相对廉价的有形要素，而较少有动力投资于自主创新。

纠正这一局面的关键则是要把"价格理顺"，即通过持续推进要素市场的发育和完善，形成要素的有效定价机制，使要素价格能够"逼近"供求决定的真实均衡水平。在此基础上，让微观企业能依据合理的市场信号进行理性决策。通过正确的价格信号引导各经济主体预期和调整微观主体行为，建立起持续创新的机制。

除了营造良好的制度环境，政府可以发挥主导作用的领域，还包括为创新提供基础设施的公共品领域，以及与创新有关的具有外部性和垄断性的领域。在创新过程中，由于受益者（或受害者）和提供者的错位，一些外部效应没有办法被市场完全考虑。比如普及教育，尤其是基础教育对人力资本积累的关键贡献，企业创新升级所提供的公共知识及其外溢、基础设施建设对降低企业交易成本和提高投资回报率的积极影响，重大基础性科学研究以及人文社科学科发展对创新的推动作用等。由于这些外部效应无法完全通过价格信号、供需关系等市场途径解决，便需要政府在其中发挥应有的积极作用，以弥补市场之不足。

另外，值得强调的是，政府在产业选择、技术选择方面，不能过度干预，也应避免直接作为市场主体参与其中。例如，近年以光伏产业为代表的一些所谓新兴产业所经历的巨幅震荡，就与政府直接主导技术方向、错误押注、并推动大规模重复投资不无关系。我们认为，在有必要实行产业政策的情形下，为克服政府失灵，有必要区分选择性产业政策和功能性产业政策（Lall，1994），直接干预型和间接诱导型产业政策。这里的核心要义是，产业政策应是作为矫正市场失效的工具，而不是替代市场的工具。也就是说，政府在实施产业政策的过程中，不应设法取代市场，而应设法强化市场信号和私人活动。

三、更好地发挥政府作用

新常态下，政府与市场的关系将按照党的十八届三中全会决定指出的方向进行改革和调整，与社会主义市场经济相一致的政府与市场关系将基本就位。

在市场机制已经有所发展的基础上，落实"使市场在资源配置中起决定性作用"的关键，是要积极应对新常态下要素供给结构和效率的新特点，坚持推进要素市场化改革。这意味着，新常态下政府"更好地发挥作用"的内容之一，就是在正确的方向上引领改革。要素市场化改革的根本目的，是充分揭示各类生产要素稀缺性并据以确定价格，创造有效竞争的市场条件，以此来引导各类资源优化配置。就当前及未来一段时期的任务而言，进一步市场化的领域主要指向土地、金融和社会经济资源，具体包括：以城乡一体化为目标，促进土地等生产要素跨越城乡藩篱自由流动，提高土地这种最重要的资源的配置效率；加快利率、汇率市场化改革，大力发展和完善多层次资本市场，提高企业直接融资比重，促进资金更多地流向创新型企业；加快推进水价、电价改革，并不断完善成品油、天然气等资源类产品价格市场化形成机制，充分发挥价格在能源资源节约和环境保护中的杠杆作用。

应当清楚地认识到，在 GDP 赶超时代渐行渐远的背景下，规范政府特别是地方政府行为，完善政绩评价体系，具有日益重要的关键意义。在旧常态下，地区间的经济竞争，普遍被国内外认为是中国经济快速成长的成功因素之一。在这种战略下，地方政府往往扮演"准市场主体"的角色，它们积极参与、推动地方经济发展，特别是热衷于"大干快上"式的投资和资源开发。尽管这在一定时期、一定程度上促进了地方的经济发展和就业，进而为中国经济的奇迹提供了支撑，但也遗留下产能过剩严重、债务负担（特别是地方政府债务）高企、资产泡沫明显、资源能源消耗巨大、环境污染加剧等诸多深层问题。

新常态需要创造新型的地方竞争模式，这种模式应当超越传统的GDP竞争。在确定这个改革方向的时候，我们必须认识到，传统的地方竞争模式，是由传统的体制机制塑造出来的，因此，改变这种竞争模式的关键，是改革现行的体制机制。过去的地区间竞争模式，是现行中国制度体系下地方政府的自然、理性选择，这一制度体系包括"GDP为纲"的政绩考核和官员选拔框架①、以间接税为主过于依赖企业税收的财政体系②等。对应地，新常态下，我们需要弱化对地方政府的GDP考核机制，而将地方公共服务、市场监管、居民收入、就业水平、社会保障、治安维护、环境保护等多重指标置于更为突出的位置；另一方面，我们显然需要改革财政体制，加强房产税、消费税等税种在税收，特别是地方税收中所占的比例。如此，地方政府的招商引资和自身的投资冲动方能有效遏制，解决长期存在的政府"越位"问题方才有了条件。

政府在从市场竞争领域逐步退出同时，应当逐步加强其作为地方

---

① 过去关于官员晋升和地方经济表现的实证研究证实，官员在任期间地方的GDP和财政表现是决定官员地位和晋升与否的重要因素之一，这从官员动机角度部分促成了地域经济的竞争。除此之外，在本地经济发展，特别是招商引资过程中，官员也经常能获得晋升之外的直接经济利益。

② 与美国等发达国家税收体系中主要依赖如个人所得税、房产税、消费税等直接税不同，中国税收体系过于依赖对企业环节征收的税收，地方政府为了获得财政收入被激励追求招商引资、发展工业和资源开发。

公共产品服务提供者的地位。首先，政府更应在市场失灵、不完全竞争和存在外部性等情况下，通过建立司法体系和管理制度而非行政命令的途径，规范调节微观行为主体的社会经济活动。其次，政府要从生产型政府向服务型政府转变。在提供公共服务方面，应当广泛推广政府购买服务模式，减少政府直接参与，凡属事务性管理服务原则上都要引入市场机制，通过合同、委托等方式向社会购买。应当看到，在我国，随着收入水平的提高，以及主要由工业化和城市化导致的分工细化与人口聚集，市场行为主体对公共服务的需求与期待显著增强。相应地，根据瓦格纳法则（Wagner's law）和国际经验，公共支出相对于 GDP 的规模会逐渐扩大，其结构也会发生变化。在这一趋势背景下，我国政府应积极向服务型政府转变。即在市场缺位时，提供教育、卫生、养老、文化、城市基础设施等公共服务的供给，同时在尊重市场规律的前提下，鼓励、引导私人部门参与相关领域的建设和服务提供。

政府应更好地担当起社会公平正义维护者的角色。对此，政府应兼顾"起点公平"与"结果公平"，努力提高公共服务的均等化水平，扩大覆盖范围，尤其是通过教育、卫生体系的均等化保障起点公平，通过累进的税收体制、转移支付、国有企业改革等途径改进再分配的公平性，力求结果公平。此外，在建立健全相关制度法规的基础上，突出社会力量在管理社会事务中的作用，鼓励、引导民间非营利机构，特别是慈善组织的发展，亦属政府的职能范围。

最后，政府应加强自身建设，避免陷入帕金森定律所预言的人员机构膨胀、效率低下、官僚主义盛行的弊病（帕金森，1958）。其一，建设创新政府。依靠体制机制的改革创新，提高政府活力，并使之成为社会创新的表率。其二，建设廉洁政府。加强自律与外部监督，精简机构，优化职能，提高政府的公信力、执行力和行政效率。其三，建设法治政府。依法治国、依法行政，将法律放在神圣的位置，无论任何人、办任何事，都不能超越法律的权限，使政府成为践行法治精神的典范。

四、塑造区域发展与对外开放新格局

新常态要求我们在区域发展与对外开放上打开新局面。从国际环境看，本轮危机后，我们面临的外部需求明显减弱，以出口为主的外向型经济发展受到制约。从国内情况看，三十余年的高速发展，使得结构性矛盾和新一轮的产能过剩大规模形成并构成制约未来发展的巨大风险和压力。与此同时，美欧日等发达经济体，正在谋求建立国际经贸新规则，重塑国际经济新秩序，亦对中国发展构成诸多新约束。为主动适应和引领国内新常态与国际经济新格局，中央提出"一带一路"战略构想，这开拓了区域发展与对外开放的新路径，因而构成新常态下我国经济发展的新增长点。

由于丝绸之路沿线具有重要的区位优势、丰富的自然资源和广阔的发展前景，相关国家近年来纷纷提出了针对这一区域的战略构想。影响较大的有日本的"丝绸之路外交战略"、俄印等国的"南北走廊计划"、欧盟的"新丝绸之路计划"和美国的"新丝绸之路战略"。客观地说，世界主要国家针对这一区域的贸易自由化战略或区域经济合作方案固然向我国提出了挑战，但也为我国实施"一带一路"战略创造了机遇。习近平主席敏锐地抓住了这一转瞬即逝的机遇，不失时机地提出了"一带一路"战略，并且明确指出：要把世界的机遇转变为中国的机遇，把中国的机遇转变为世界的机遇，要在中国与各国良性互动、互利共赢中开拓前进。

"一带一路"战略是一个广泛涉及国内外大局的宏伟战略，它必将对新常态下的中国经济发展和对外开放产生深远影响。

其一，它将有助于促进区域协调发展。

区域发展不平衡是我国经济长期以来的痼疾。通过长达二十余年持续不断的西部开发、东北振兴、中部崛起以及东部率先的区域发展战略的实施，各地逐渐找到了本地区主体功能区定位和自身优势，区域差距近年来有明显缓解。"一带一路"战略的实施，将会为我国区域协调发展提供新的驱动力。"一带一路"建设对东中西部而言都是发展机遇，特别是西部一些地区，过去是边缘，而一旦同周边国家实现了互联互通，就会成为辐射中心，发展机遇更大。西部大开发和中部崛起战略形成于 2000 年之后，同东部沿海相比，其对外开放起步较晚，必须迎头赶上。党的十八届三中全会提出的推动内陆沿边开放的战略，有针对性地提出了新的要求，只要加快推动和落实，势将进一步激活内陆和沿边地区的经济发展活力，同时，结合我国周边外交的发展重点，通过开放实现体制和机制创新，它还将全面提升我国内陆和沿边开放型经济的水平。"一带一路"战略将成为扩大中西部开放、打造中西部经济升级版的主引擎。"一带一路"将政策重心放在中西部地区，有利于增强中西部地区发展的动力和对人才的吸引力，促进区域经济协调发展。目前，"一带一路"规划中所涉及的 14 个省区市中有 9 个位于中西部，国家从基础设施、财政扶持、人才培养、就业、对外开放等多方面予以更多扶持，有利于增强这些中西部省区市的发展潜力；同时，这些省区市由"内陆"变"前沿"，通过承接东部产业转移、加强交通物流通达能力、设立内陆港和海关特殊监管区等多种措施，将经济潜力变为实实在在的经济发展成果，不仅有利于实现东中西部的协调发展，还能够增强中西部地区对人口人才聚集的吸引力，有助于实现新型城市化三个"一亿人"的奋斗目标。

其二，助推产业转移和转型升级。

"一带一路"为我国东部地区产业转移和过剩产能化解提供了广阔的战略迂回空间。"一带一路"战略的重点是实现互联互通。互联互通是"三位一体"的联通，包括交通基础设施的硬件联通，规章制度、标准、政策的软件联通，以及增进民间友好互信和文化交流的人文联通，涵盖政策沟通、设施联通、贸易畅通、资金融通和民心相通五大领域。基础设施建设是互联互通的基础和优先领域。加大交通等基础设施建设力度，实现"一带一路"各国联动发展。一方面，沿线各国发展战略和基建规划对接，可以发挥比较优势、后发优势和规模经济，在全球供应链、产业链和价值链中占据有利位置，提高综合竞争力，实现强劲、可持续、平衡增长；另一方面，通过加强物流和交通运输基础设施合作，可以促进地区货物和商品过境运输，扩大地区生产网络，深化区域经济合作。另外，通过"一带一路"建设，还可以为我国的产业转移和转型升级留出必要的发展空间。产能过剩并不意味着产能落后。我国现阶段相对过剩的钢铁、水泥等产业可能正是中亚、东南亚、南亚、非洲等发展中地区进行基础设施建设的短板所在，因此，通过"一带一路"战略将我国的部分过剩产能或过剩产品转移到这些国家，既可以推动我国经济转型升级，也为"一带一路"沿线国家发展提供了难得机遇。

其三，冲破束缚，实现全方位对外开放。

"一带一路"战略的实施，一方面（即丝绸之路经济带）将会通过扩大向西开放，使中国特别是西部地区与中亚、西亚、东欧的贸易往来和经济合作得以加强；另一方面（即海上丝绸之路）可以巩固和发展我国同东南亚的经贸关系，并逐步辐射到南亚和非洲等地区。显然，"一带一路"是中国形成全方位对外开放格局、实现东西部均衡协调发展的关键一环。它将通过沿线国家基础设施的互联互通，对域内贸易和生产要素进行优化配置，促进区域经济一体化，并为国内产业发展、转型和转移提供更为广阔的市场空间。为解决基础设施互联互通的资金瓶颈问题，我们必须创新融资机制。作为对世界银行、亚洲开发银行等现有金融机构的有益补充，中国与有关国家共同成立了亚洲基础设施投资银行，以及开放的丝路基金。这对于中国资本走出去，有效利用过高的外汇储备，以及推进人民币国际化都有帮助。藉由初期的大规模基础设施建设，紧接着资源能源开发利用，随后的全方位贸易服务往来，"一带一路"战略势将成为新常态下我国经济发展的新增长点。同时，考虑到欧美日等发达经济体正在酝酿构建国际经济新秩序（以 TPP、TTIP 和 TISA 为代表），"一带一路"战略还有利于冲破发达经济体建立的"包围圈"，寻求更大范围的资源与市场合作。"一带一路"建设可以与欧盟、北美自由贸易区形成"三足鼎立"态势，加快形成国际经济新格局，进而对经济全球化产生深远影响。

其四，构筑合作共赢新平台。

"一带一路"是新形势下中国推进对外合作的重要构想，标志着我国在当前形势下发展与世界关系的共赢战略。"一带一路"的沿线国家和地区与我国将通过合作而共同发展，而且，由于这一发展战略具有相当的可扩展性，"一带一路"的带宽与路径还将不断延伸，通过主带和大道还可展延到各条旁线与分路，并有望最终构成一个具有繁密复式构造的全球互联互通网络。因此，在世界范围内，还有更多的国家正对此寄予期待。

"一带一路"沿线大多是新兴经济体和发展中国家，总人口约44亿，经济总量约21万亿美元，分别约占全球的63%和29%。这些国家普遍处于经济发展的上升期，开展互利合作的前景广阔。深挖我国与沿线国家的合作潜力，必将提升新兴经济体和发展中国家在我国对外开放格局中的地位。2013年，中国与"一带一路"国家的贸易额超过1万亿美元，占中国外贸总额的1/4。过去10年，中国与沿途国家的贸易额年均增长19%。未来5年，中国将进口10万亿美元的商品，对外投资将超过5000亿美元，出境游客数量约5亿人次，周边国家以及丝绸之路沿线国家将率先受益。"一带一路"战略正在推动中国服务外包快速增长。2014年1~10月，中国承接"一带一路"沿线国家服务外包合同金额和执行金额分别为89.5亿美元和73.2亿美元，同比分别增长21.1%和38.6%；其中承接东南亚11国的服务外包执行金额35.1亿美元，同比增长高达70%。

其五，保障国家经济安全。

"一带一路"有利于实现我国资源、能源进口渠道的多元化，同时也为保障海上资源能源运输线的安全奠定了坚实基础。目前我国石油对外依存度超过60%，天然气对外依存度超过30%，能源安全业已成为国家经济安全的最核心部分。中亚、西亚地区是全球石油、天然气最富集地区，目前，中哈石油、天然气管道为中哈两国的共同繁荣奠定了良好基础，也为我国深化与周边其他国家的能源合作提供了可资借鉴的范本；"海上丝绸之路"与我国目前的海上石油运输线在很大程度上重叠在一起，保持与沿途国家良好的经贸合作关系，对于保障我国海上能源运输线的安全意义重大。

五、向生态文明建设要经济增长

自工业革命以来，人类实现了前所未有的高速经济增长与福利改善。但在生产生活方式的巨变中，人类对自然资源的消耗与对环境的破坏日渐加剧。这种趋势使处于发展前沿的西方国家较早地受到环境污染的负面影响，国际理论界开始关注经济社会发展的长期可持续性问题。特别是，随着人口、资源、环境压力的增大，发展理论将"协调"的理念逐步扩展到代际之间。1972 年，美国麻省理工学院的梅多斯等组成的研究小组，提交了罗马俱乐部成立后的第一份研究报告《增长的极限》，深刻阐明了经济增长与资源环境相协调，人与自然之间和谐发展的观点。报告所阐述的"合理的持久的均衡发展"理念，即是可持续发展思想的萌芽。1981 年，美国世界观察研究所所长布朗在《建设一个可持续的社会》一书中，进一步对"可持续发展观"作了比较系统的阐述。1987 年由挪威前首相布伦特兰夫人主持的联合国世界环境与发展委员会（WECD）在《我们共同的未来》研究报告中，从发展的公平性、持续性、共同性"三原则"出发，提出可持续发展就是"既能满足当代人的需求，又不对后代人满足其自身需求的能力构成危害"的发展。这一解释逐渐得到国际社会的广泛认同。1992 年在巴西里约热内卢召开的有 183 个国家和地区代表参加的联合国环境与发展大会，通过了《里约热内卢环境与发展宣言》和《21世纪议程》两个纲领性文件，标志着可持续发展观成为国际上制定经济、社会发展战略的重要指导思想。

就中国而言，生态文明建设也经历了一个较为曲折的过程。

改革开放之初，经济建设成为一切工作的中心，对于环境保护等方面的重视相对来说还是较弱的。虽然那个时候《森林法》、《草原法》、《环境保护法》等相继出台，节约资源和保护环境成为一项基本国策，这意味着中国现代化建设要走的是可持续发展之路，但在发展理念与实践道路上，还是脱不开"先发展后治理"的路子。

进入 20 世纪 90 年代，伴随经济高速增长，环境问题日益严重，已经成为经济可持续发展的制约因素，当时邓小平就一再强调自然环境保护的重要性。1994 年中国制定了《中国 21 世纪议程——中国 21 世纪人口、环境与发展白皮书》作为政府的政策指南，1996 年又出台了《国家环境保护"九五"计划和 2010 年远景目标》的重要规划。相继推广和发展了生态农业、生态林业、生态园林、生态城镇等有关生态建设的经验，并积极参与世界环境保护活动，成为全球生态建设的主力军。

21 世纪是生态世纪，中国把加强生态环境建设放在工业化、现代化发展战略的突出位置。党的十六届三中全会上提出以人为本、全面协调可持续的科学发展观；党的十七大报告中提出建设生态文明；党的十八大则提出经济建设、政治建设、文化建设、社会建设、生态文明建设五位一体的总布局，把生态文明建设提到了更高的位置。

中国在积极参与国际环保行动、彰显负责任大国形象方面，值得一提的是《中美气候变化联合声明》。2014 年 11 月 12 日，在 APEC 期间，中美两国在北京共同发表《中美气候变化联合声明》。在声明中，中美两国"第一次"将气候变化视为"人类面临的最大威胁"，将气候变化问题的重要性和紧迫性提升到最高层面。它充分显示出中美双方同意将应对气候变化置于全球议程上更加优先的位置。中美两国元首还"第一次"宣布了两国各自 2020 年后应对气候变化行动，影响深远。声明宣布，美国计划于 2025 年实现在 2005 年基础上减排26% ~ 28% 的全经济范围减排目标并将努力减排 28%；中国计划2030 年左右二氧化碳排放达到峰值且将努力早日达峰，并计划到2030 年非化石能源占一次能源消费比重提高到 20% 左右。这次声明首次明确了 2020 年后中美的减排目标和时间表，既使中美两国未来实施低碳发展的国家战略高度契合，又能对全球温室气体减排产生实质性的推动作用，同时还能对其他国家产生强大的示范效应，最终为2015 年在巴黎举行的国际气候谈判注入强大推动力。联合国秘书长潘基文在《中美气候变化联合声明》发布后，赞扬中美两国政府就2020 年以后减排温室气体的行动所做的宣布，同时欢迎两位领导人为实现将全球气温上升控制在 2℃ 之内的目标所宣布的雄心勃勃的减排目标及相关行动框架。他指出，这一联合声明表明向着低碳、抗气候变化型的未来进行的转型正在加速。

目前，国际学界已从量化角度来衡量和考察代际公平和自然生态意义上的可持续发展，这主要有两个视角：一是流量视角的绿色 GDP核算；二是存量视角的综合国民财富测算。

所谓绿色 GDP 核算，就是在 GDP 的核算中，将由于经济增长而带来的对环境资源的消耗和破坏进行价值评估，并从 GDP 中扣除，得到净国内产值（EDP）和净国内收入（ENI）。2006 年 9 月国家环保总局和国家统计局联合发布了《中国绿色国民经济核算研究报告2004》，这是中国也是发展中国家第一份经环境污染调整的 GDP 核算研究报告，标志着中国绿色国民经济核算研究和生态文明建设的一个重要的阶段性成果。根据其所做的尝试性统计，2004 年全国因环境污染造成的经济损失为 5118 亿元，占当年 GDP 的 3.05%。总的来看，虽然有一定的参考意义，但目前绿色 GDP 核算技术仍不成熟，在量化环境损害成本方面面临不小挑战。

在综合国民财富测算方面，值得关注的是联合国环境规划署（UNEP）联合其他机构（如联合国大学（UNU）、国际全球环境变化人文因素计划（IHDP））在 2012 年里约地球峰会上推出的第一份全球《包容性财富报告 2012》，其中的"包容性财富"（Inclusive Wealth，IW）成为度量经济可持续发展的全新指标。IW 的基本思想最早由经济学诺贝尔奖得主肯尼斯·阿罗所倡导，他与多位著名经济学家（其中特别包括剑桥大学经济学教授帕撒·达斯古普塔）和生态学家经过多年研究，最终于 2004 年发表了他们的研究成果。此后，达斯古普塔又陆续发表了多篇文章，其中包括"The Idea of Sustainable Development"（《可持续发展思想》），更清晰地阐明了 IW 这一概念。按照这一思想，所谓可持续发展就是生产力基础（productive base）不萎缩的发展模式，而所谓生产力基础包括资本资产和制度，其中资本资产可分为三类：（1）人力资本（健康、受教育程度、技能等）；（2）生产资本（机械设备、厂房、铁路以及高速公路等基础设施等）；（3）自然资本（自然资源如土地、矿产、水、森林、生态系统服务等）。而制度包括文化、法律法规、社会建制、社会网络等（制度亦称为社会资本）。所谓 IW 就是社会全部资本资产的价值之总和。对于 IW 的测算，有两点要强调：一是所有资本资产的价值皆以使用方便的会计价格来计量，即皆被货币化；二是 IW 不但囊括了全部资本资产，它还包含了对后代人利益的考虑，这主要体现在对自然资本价值的计算上。

从更广义的人与自然的关系而言，人类在这个星球上的可持续发展，最终取决于资源环境的承载力与可持续性，忽视环境与生态的发展会从根本上破坏发展的可持续性。过去三十余年我国的高速增长伴生了高污染排放和环境破坏。严重的生态破坏，不仅使得旧常态下的粗放发展方式难以为继，还对我们的生活环境造成了严重影响。据中国社会科学院专家测算，20世纪80年代至90年代，生态退化和环境污染带来的经济损失约相当于GDP的8%，2005年以来这一数字有所降低，但仍达4%左右。如果扣除生态退化与环境污染造成的此类经济损失，我们的真实经济增长速度只有5%左右。不讲生态保护的增长，直接减少了人类的福祉，这样的经济增长当然要大打折扣。新常态下的增长，须摒弃先发展后治理的老路，注重环境保护与生态文明建设。

中国国家主席习近平强调，良好生态环境是最公平的公共产品，是最普惠的民生福祉；保护生态环境就是保护生产力，改善生态环境就是发展生产力；走向生态文明新时代，建设美丽中国，是实现中华民族伟大复兴的中国梦的重要内容。中国应不断创新体制机制，推动绿色发展，努力建设美丽中国。

生态文明建设需要一系列的政策设计与制度保障。

一是修改统计方法，将生态建设的成本计入产出。在目前的经济架构下，绝大多数环保、治污、生态修复活动都被视为经济运行的"成本"，是增长绩效的"扣除"。为从根本上解决这一问题，需要修改统计方法，其基本方向是将这些产业的投入直接统计为国民产出。在这方面，美国业已提供了先例①。如此，保护、治理、修复生态环境，搞好生态文明建设，将成为中国经济进入新常态的新增长点，可实现经济社会发展与生态环境保护的共赢。

---

① 2013年4月，美国正式决定调整其GDP统计方法，将"研究与开发"（R&D）计为国民产出。这样，连同电影版税（涉及文化产业）的计入，美国的GDP较过去增大3%。1999年，美国就将电脑软件纳入GDP统计。

二是强化环境准入、环境标准硬约束，发展壮大节能环保等战略性新兴产业，从严控制高耗能、高排放行业发展，充分发挥优化经济结构的治本作用。

三是深化生态环保领域改革创新，加快自然资源及其产品价格改革，建立和完善反映市场供求和资源稀缺程度、体现生态价值和代际补偿的资源有偿使用制度和生态补偿制度。大力发展环保市场，推行环境污染第三方治理，充分发挥市场机制的激励约束作用。

四是抓好关键环节和重点领域工作，严格按照主体功能区定位推动发展，加快划定生态保护红线，着力解决大气、水、土壤污染等突出环境问题；优化国土空间开发格局，科学布局生产空间、生活空间、生态空间，给自然留下更多修复空间；充分发挥政府的统领引导作用。

五是加大生态环境保护力度，建立健全自然资源产权法律制度，能源、水、土地节约集约使用制度，水、大气、土壤等污染防治制度，切实抓好新修订的《环境保护法》的贯彻实施，充分发挥环境法治的规范保障作用。

六、实现公平收入分配

在注意增长的速度、质量与效率的同时，关注社会公平和百姓福祉增进，促进包容性增长，是社会主义市场经济的根本目标。最近法国经济学家皮凯蒂所著的畅销书《21 世纪资本论》（Piketty，2014）让全世界将目光再次聚焦于收入和财富分配的不平等以及如何实现包容性增长这一人类发展的根本问题上。前已述及，主流经济学家通常不把收入分配问题纳入经济增长的论题之中，然而，危机的持续恶化，以及因收入分配恶化所导致的经济动荡，使得经济学家不得不探究收入分配恶化同经济停滞的关系。

就收入分配来说，库兹涅茨曲线存在，意味着中等收入国家往往会面临最为严重的贫富差距问题。这不仅成为近年来有关"中等收入陷阱"讨论的重点之一，更在许多拉美、非洲和东南亚国家的经历和数据中得到验证。毋庸讳言，中国的发展也契合了这一轨迹，在由低收入迈向中等收入的增长过程中，中国的收入差距也逐步扩大。但是，与资本主义国家不同①，中国的收入分配差距有其特殊性。中国当前的收入差距主要是体制性、发展阶段性的，收入差距的最主要构成因素是城乡收入差距、地区收入差距和行业收入差距等，而资本和劳动的对立至少在当下并不是主要因素。

其中，中国的城乡收入差距既是发展性问题，也是体制性问题。纵观世界其他国家的历史，在发展过程中基本都有着或大或小的城乡收入差距，说到根本上，城乡收入差距事实上正是城市化的基本动力，正是它的存在，促使农村居民进入城市，以寻求更高的收入。从这个角度说，城乡收入差距是一个发展性问题。从另外一个角度分析，中国的城乡收入差距也是体制性问题。同样都存在城乡收入差距，但中国的城乡收入差距的悬殊程度和广度在实行市场经济的国家里是罕见的，这在很大程度上与中国以户籍制度为核心的一系列造成并维持城乡分割的制度安排有关。

从现有研究成果看，中国城镇和农村内部的收入差距相对是比较小的，我们参考程永宏（2007）利用累积收入分布函数方法计算的中

---

① 皮凯蒂（Piketty）认为，在资本主义国家，存在的主要问题依然是生产领域中资本统治劳动，收入分配领域中利润浸蚀工资。

国 1981~2005 年的城镇和农村各自的基尼系数，然后用五等分组算法计算了 2005~2013 年的城镇和农村基尼系数，并以此对程永宏算得的基尼系数进行外推，计算结果见图 6.5。

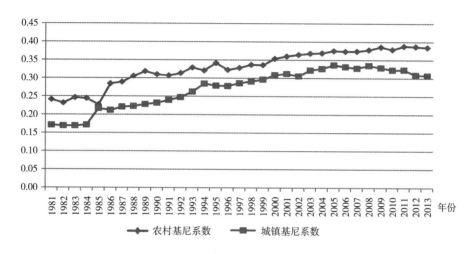

图 6.5 中国城镇和农村的基尼系数

资料来源：2005 年以前数据来源于程永宏：《改革以来全国总体基尼系数的演变及其城乡分解》，《中国社会科学》2007 年第 4 期；2005 年后为作者推算。

由图 6.5 不难发现，首先，农村和城镇内部的收入差距从改革开放以来基本一直处于增长过程中。其次，从基尼系数的绝对值来看，城镇和农村各自的基尼系数都不是特别高，算得的 2013 年城乡基尼系数分别为 0.308 和 0.385，都在 0.4 的国际警戒线之下，这比国家统计局公布的 0.474 的全国基尼系数明显要小。其中，农村的基尼系数要明显大于城镇的基尼系数，这主要是由于，相对于城镇，农村的地区间差距更大。但是，在具体到县市一级内部时，农村的内部收入差距相对并不高。最后，注意到，2009~2013 年农村的基尼系数基本保持稳定，而城镇的基尼系数自 2008 年以来出现了一定程度的下降，我们可以合理地推断，随着城乡一体化战略的推进和城乡收入差距的缩小，中国农村和城镇各自的基尼系数都越过了上升阶段，开始下降。

城乡收入差距是中国收入差距的最主要构成部分，这在中国收入分配的研究中是毫无争议的。当然，测算方法不同，算得的城乡收入差异在中国总体收入差距中的贡献也不同。比如，用基尼系数计算的 Sundrum 分解算法，算得的城乡差距占中国总体基尼系数的比例在1983 年最低达到46%，在2003 年最高达到64%，2013 年时这一比例降至59%。[①] 用泰尔（Theil）指数算得的城乡组间差距对总体收入差距的贡献也超过了50%。但如果用程永宏（2006，2007）的新分解方法，则城乡组间差距的贡献就明显缩小。图6.6 是用我们计算得到的城镇和农村基尼系数以及 Sundrum 分解算法估算的中国总体基尼系数，注意到由于 Sumdrum 算法的近似特点会对基尼系数造成一定低估，因此其结果总是小于国家统计局公布的总体基尼系数。

另外，地区收入差距、行业收入差距也是中国收入差距的重要组成部分，但其重要性都要小于城乡收入差距。[②] 其中，地区间收入差距很大程度上也是发展性的。中国经济从东南沿海到西部内陆省份的梯度发展特征，导致在发展过程中地区之间呈现较大的收入差异。而行业收入差距则更多体现了在市场环境下造成的收入差距。[③] 不过，尽管人们常常对中国的行业收入差距报以不满，但根据刘学良（2008）的测算，中国的行业间收入差距仍明显小于美国。因此，中

[①] 需注意 Sundrum 算法因为是一个近似算法，会导致总体基尼系数一定程度的低估。参见刘学良（2009）。

[②] 刘学良（2008）用泰尔（Theil）指数算法分解和比较了中国最主要的几个收入差距的程度，并发现中国的城乡收入差距 > 地区间收入差距 > 行业间收入差距，三个差距大小的比为 2.68∶1∶0.72。

[③] 当然，也有一部分行业收入差距是由于垄断性行业高收入等问题引起的。参见岳希明、李实等（2010）。

国的收入差距结构与美国这样经济成熟的发达国家有明显不同：在中国，收入差距主要是由于体制性、发展性问题导致的，而市场性收入差距程度则仍小于美国；在美国，他显然不存在中国这种体制性、发展性的收入差距，其收入差距是市场性的行业收入差距、普通劳动者和企业高管、资本家的收入差距。

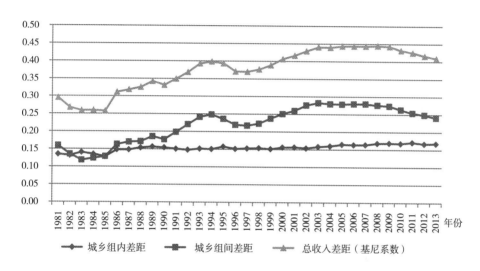

图 6.6　中国总体基尼系数和城乡差距分解

资料来源：作者计算；刘学良：《城乡收入差距将缩小，未来调控重点在城镇》，《上海证券报》2012 年。

　　既然中国的收入差距主要是体制性和发展性的，那么，我们就应能看到，随体制改革和发展阶段转型，中国的收入分配差距将发生变化。数据支撑了这一判断。2013 年 1 月 18 日，国家统计局首次公布了我国 2003～2012 年的基尼系数。数据显示，2003～2008 年，中国的基尼系数基本呈现扩大的态势，到 2008 年，达到最高的 0.491。2008 年后，基尼系数开始下滑，到 2013 年，基尼系数已经从最高点滑落到 0.469，下降了 0.022。这是自 2000 年来国家统计局公布过全国的基尼系数后，再次公布这项数据。然而，我们仍记得数据刚公布时，部分学者和公众公开质疑数据的真实性，特别是 2008 年后基尼系数逐年下降的结论，却引起了很大的争议。

不过，我们倾向于认为：国家统计局的基尼系数分析基本是可信的，收入差距在 2008 年后逐步缩小的现象与我们的一些研究和测算，以及观测到的一些数据是一致的。我们认为，危机以来收入差距缩小，归因于多方面原因，包括：

其一，城乡收入差距缩小。由于 2009 年来农村居民收入快速增长，其增速超过了城镇居民，我国城乡居民的收入差距变小。城乡居民收入之比从 1997 年的 2.47：1 扩大到 2009 年 3.33：1 的高点后，自 2009 年开始下滑，2009～2013 年，城乡居民收入之比分别为 3.33：1、3.23：1、3.13：1、3.10：1、3.03：1。在城乡居民收入差距占我国总体收入差距比例达到 30%～60% 的背景下（如上面关于中国收入差距结构的讨论），城乡收入差距的缩小，会对总体收入差距起到明显的下拉作用。近些年来，农村居民收入的快速增长得益于农产品的价格上升、农村社会保障力度的加强以及劳动力市场中工人工资，特别是农民工工资的上升速度较快等因素。因此，农村居民相对城市居民收入的快速增长，显著缩小了收入差距程度。

其二，地区间收入差距缩小。由于经济危机的冲击，近年来东部沿海发达省份经济发展速度放缓。同时，由于产业转移等因素，中西部地区发展速度相对较快。这使得东中西部地区间差距缩小（图 6.7）。改革开放以来的相当长时期中，我国的经济增长并没有出现经济学理论中所讨论的条件收敛现象（即经济越落后的地区，经济增速越高），反而，东部地区的经济增速要明显高于中西部，这导致我国地区间的经济差距越来越大。但是，2007 年以来，东部地区经济发展受挫，许多产业往中西部成本更低的区域转移，这使得中西部地区的经济增速明显超过了东部地区，条件收敛现象出现，地区间的收入差距因此缩小。

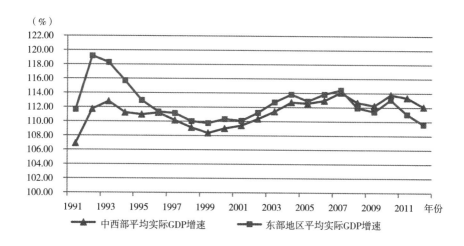

图6.7　东部与中西部经济增速

其三，行业收入差距缩小。在构成中国收入差距的主要两项因素，即城乡收入差距和地区间收入差距开始缩小之时，其他收入差距在2009年来并未明显扩大，有些类型的收入差距甚至有所缩小。以行业收入差距为例，我们用泰尔指数（Theil Index）计算了1995年以来的行业收入差距（城镇）（见图6.8），结果同样显示，2008年以来，行业间的收入差距亦有所缩小。许多高收入行业，如金融业等，受到经济周期的影响很大，当经济增速下滑时，该行业的收入增速明显下降，而低收入行业多是如农林牧渔业、住宿和餐饮业、居民服务业等民生行业，在新常态中反而保持了相对较高的收入增长速度。这种状况，造成行业间收入差距有所下降。由于地区间收入差距和行业间收入差距缩小，致使城镇内部收入差距从2008年亦开始缩小，只是农村的收入差距仍有缓慢扩大。

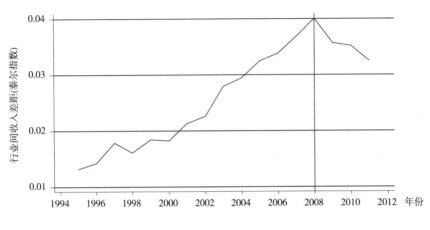

图6.8　中国行业间收入差距（泰尔指数）

我们应当为中国的收入差距自 2008 年以来开始缩小感到高兴，尽管步伐较为缓慢，但这正在切实发生着。一些学者认为，我国已经步入库兹涅茨描述的倒 U 型曲线的下半程，未来，随着发展程度的提高，收入差距会继续缩小。但库兹涅茨倒 U 曲线并不会自动实现，况且，研究发现，库兹涅茨倒 U 曲线的规律并不稳健①。如果这一现象只是昙花一现，未来中国的收入差距是否能继续缩小，仍然未定。

我们认为，未来中国的收入分配差距在大概率上将会继续下降，至少不会明显扩大。判断的依据来自多方，既有经济上的，亦有政策上的和技术上的。

从经济上分析，在短期内，由于目前世界经济仍处在后危机时期的调整、恢复阶段，世界和中国经济进入新常态，将使得中西部的经

---

① 库兹涅茨倒 U 曲线并不是一个铁律，如 Lindert（2000）对库兹涅茨倒 U 曲线的描述，称 Kuznets curve flickers。

济发展速度仍在将一段时期内超过东部，从而促使地区差距缩小；农村居民的收入增长速度仍将超过城镇。从中长期看，中国人口结构的变化，特别是农村剩余劳动力的枯竭和城市化进程的推进，将推动农村劳动者收入更加快速上涨。

在政策上，近些年我国已经实行了许多保障民生的政策，诸如社会保障、医疗保险和养老保险等，并加强了对农村和农业的补贴。这些政策对改善收入分配结构起到了明显的作用。未来，随着更多的保障民生政策的实施和推广，以及已经在日程表上的收入分配体制改革方案的实施，我国收入分配的差距仍将继续向缩小的方向发展。

从统计和分析的技术来看，主要与最常用的收入差距度量指标的计算有关。首先，不管是基尼系数的 Sundrum 近似分解算法，程永宏（2006）和刘学良（2009）拓展的累积分布函数算法，抑或是在学术研究中常用但不为普通公众所知的泰尔（Theil）指数，总体收入差距分解为子组收入差距的加权平均和组间差距，其组间差距加权的权重中都包含城乡的人口比例项之乘积。因此，假定其他因素均不变（城镇居民和农村居民的人均收入以及全社会总体人均收入），则城乡收入差距会随着城镇人口比例的变大，经历先变大，然后在城镇人口比例到达 50% 时达到峰值，之后随城镇人口比例的继续变大而逐渐缩小的过程。这意味着，我国城乡收入差距在城镇和农村人口各占一半时可能达到最大。① 基尼系数的这一规律也部分解释了我国收入差距在 2008 年左右达到峰值的原因，因为这时城镇人口比例接近 50%。这意味着，随着城镇人口规模超过 50% 且不断变大，这一因素会使得

---

① 简单来说，即是基尼系数的分解算法中有一项中包含城乡人口占比之积，令 α_U 为城镇人口占比，则城乡人口之积为 $\alpha_U \times (1 - \alpha_U)$，显然，这一项在 α_U 达到 50% 时最大。

城乡收入差距变小。①

其次，给定其他条件，随着未来城镇人口占比继续提高，城镇的收入差距在总体基尼系数中的贡献将进一步加强，而城乡组间差距和农村内部差距的贡献将逐步缩小。由于城镇内部的收入差距要小于农村内部的差距，这也会使得总体基尼系数呈现缩小的倾向。

从这个角度看，由于城镇居民收入差距在我国总体收入差距中所占比例将越来越大，因此，未来要控制中国的收入差距，工作重心应将主要转变到控制城镇居民收入差距上来。换言之，只要控制好了城镇居民收入差距，控制总体收入差距的工作就算完成了大半。

七、提升社会流动性

收入分配差距主要是从同代人在截面意义上的探讨，但这并不是问题的全部。我们想说的是，收入分配差距固然重要，但各收入人群的流动性可能也同等重要。我们看到，有些国家以基尼系数衡量的收入差距曾经也很小，中国在改革开放之初，基尼系数也只有 0.3 左右而已，其他一些过去的计划经济国家，如前苏联、朝鲜等，收入差距也都不高。但是，那种收入分配结构绝对不是我们想要的好的收入分配模式，因为它是通过压制人们的经济权利和自由实现的。为了实现这种绝对的平均主义，一方面普通百姓损失了自由，人权受到压制，另一方面，这种体制导致了社会阶层的固化，在政治权利决定着一个人的社会地位和经济地位时，必然导致当权者利用政治权利佑护自己

---

① 周云波（2009）亦用一个数理模型和基尼系数证明了城乡人口结构占比对于基尼系数的影响。

的亲属，一个人的社会地位和经济地位取决于父辈的地位。①

　　反过来，我们看到，有些国家用基尼系数来衡量或许存在较高的收入差距，但是收入差距却似乎从来没有构成扰动社会的主要问题。从父辈角度看，或许我自己很贫穷，但我的子女只要依靠他们的才华和努力拼搏，就会获得成功，摆脱贫穷的命运；从子女角度看，或许我的父辈很贫穷，但我在学校努力上学，长大努力工作，我的才华和勤奋就能让自己和家人过上幸福的生活。这种现象，便是一个社会的阶层流动性。一个社会的阶层流动性较高，且这种流动性是依赖于个人的努力和才华，而不是依赖于其他类如"剥夺"等手段。②

　　在经济学领域，分析这种社会流动性的主要工具是代际收入弹性（Intergenerational Income Elasticity）。它衡量的是一个人的收入（地位）对父辈的收入（地位）的依赖程度。社会代际收入弹性越低，意味着社会流动性越高。社会代际收入流动性的不同，将使其在效率与公平意义上有巨大区别：个人靠禀赋和努力所带来的适当收入差距，不仅可以激励社会成员努力学习工作从而促进社会经济的发展，而且也不会使公众产生强烈的再分配愿望（Benabou 和 Ok，2001）；反过来，如果代际流动性过低，这种收入分配结构就不会激励人们勤奋的热忱，即使收入差距不高，阶层固化也会导致人们不满。③

　　自 Becker 和 Tomes（1979）的开创性工作以来，经济学领域关于代际流动性和阶层固化的研究可谓汗牛充栋，已进入相对成熟的繁荣

---

　　①　一些研究者认为试图打破这种阶层固化模式是毛泽东发动文化大革命的原因之一。

　　②　如"剥夺"等手段固然常常在短时间内即实现社会大的流动性，但是，这种流动性，一方面意味着社会动荡和暴力，另一方面，其实是财富和权利的再分配而不是财富的创造，其中经常伴随着财富的毁灭。

　　③　因此，一些学者，如蔡洪斌（2011）认为提高社会流动性对于保障我国的长期发展，跨过"中等收入陷阱"极为重要。

阶段。从这些研究成果看，不同代际收入弹性的估计结果，类似于基尼系数，也都落在（0，1）中间。其中 1 意味着阶层完全固化，一个人的经济地位完全取决于父辈，0 则意味着一个人的经济地位与父辈毫无关系。当然，这两种极端情况都是不会出现的。表6.2 给出了各国代际收入弹性估计值的汇总比较。

表6.2　各国代际收入弹性估计值的比较

	Blanden（2011）	Nunez and Miranda（2010）	Corak（2006）	Solon（2002）	Lefranc et al（2008）	Irene Ng（2007）	Jantti et al（2006）	平均值
美国	0.41	0.45~0.53	0.47	–	–	–	0.52	0.48
英国	0.37	0.39~0.59	0.5	0.42~0.57	–	–	0.31	0.45
意大利	0.33	0.48	–	–	–	–	–	0.41
法国	0.32	–	0.41	–	0.47	–	–	0.40
挪威	0.25	–	0.17	–	–	–	0.16	0.19
澳大利亚	0.25	–	–	–	–	–	–	0.25
德国	0.24	0.34	0.32	0.11~0.34	–	–	–	0.27
加拿大	0.23	–	0.19	0.23	–	–	–	0.22
芬兰	0.20	–	0.18	0.13~0.22	–	–	0.17	0.18
丹麦	0.14	–	0.15	–	–	–	0.07	0.12
日本	–	–	–	–	0.22	–	–	0.22
智利	0.52	–	–	–	–	–	–	0.52
马来西亚	0.54	–	–	0.26	–	–	–	0.40
尼泊尔	0.44	–	–	–	–	–	–	0.44
巴基斯坦	0.46	–	–	–	–	–	–	0.46
南非	–	–	–	0.44	–	–	–	0.44
新加坡	–	–	–	–	0.28	0.58	–	0.43

资料来源：《中国城镇代际收入弹性研究：测量误差和收入影响的识别》，工作论文 2011。

可以看出，国外学者们对各国代际收入弹性的估计结果一般在0.2~0.5之间，与基尼系数的主要区间也十分类似。[①] 部分北欧国家如挪威、芬兰、丹麦，其代际收入弹性甚至小于0.2，显示了很高的社会流动性。而多数国家的代际收入弹性在0.4~0.5之间，以"美国梦"知名的美国，在当代代际收入弹性达到0.48，比其他许多国家都高，以此而论，美国的代际流动性其实已落后于其他许多国家。

针对中国的研究起步较晚，但已取得了很大进展。从现有的研究成果看，改革开放以来中国的代际收入弹性体现出如下重要特征：

首先，代际收入弹性变化很大。与其他国家经济和社会结构比较稳定、代际收入弹性长期变化较小不同，中国改革开放三十多年来经济和社会结构发生了天翻地覆的变化，因此代际收入弹性的变化也很大。例如，何石军和黄桂田（2013）利用CHNS数据估算得到的代际收入弹性，在2000年为0.66，在2006年则只有0.35；陈琳和袁志刚（2011）的研究利用1995年和2002年CHIPS数据的个人回忆性收入，估计得到的代际收入弹性，在1990~1995年达到0.843，在1998~2002年则大幅下降至0.38。因此，如果看高达0.6以上的代际收入弹性估计结果并与其他国家相比较，则中国可以说是世界上阶层极端固化的国家，十分缺乏社会流动性；但如果看低的计算结果，则又会得出中国的社会流动性比美国等国都高，阶层固化并不严重。中国改革开放以来社会结构的变化之大，从这个角度可见一斑。

其次，中国的代际收入弹性呈现随着时间推移而下降的特征，但在最近又出现提高的迹象。以陈琳和袁志刚（2012）的研究为例，他们利用1988、1995和2002年的CHIPS数据和2006年的CGSS数据，

---

① 当然，这并不代表两者在理论上有必然联系。

估计了中国的代际收入弹性，结果发现，城镇和农村的代际收入弹性均呈现随时间逐步下降的态势，但下降速度逐步收窄，其中利用CGSS2006数据算得的农村代际收入弹性比2002年有轻微提高。何石军和黄桂田（2013）利用CHNS数据研究得到的结果，在2000年、2004年、2006年和2009年分别是0.66、0.49、0.35和0.46，反映出中国的代际收入弹性大体呈下降趋势，但是2009年的代际收入弹性比2006年有明显提高。

在此，我们不妨参考其他学者的研究成果，尝试总结中国代际收入弹性发展变化趋势及其背后的原因，并以此为基础，对未来的情况做出判断并提出建议。

首先，总的来说，中国代际收入弹性的下降是由于改革开放带来的经济自由化导致的。过去的计划经济体制模式不仅禁锢了企业，也禁锢了个人的经济自由。在这种模式下，出现高的代际收入弹性和社会固化程度是必然的。人口的流动和迁移还没有大规模开展，并且人口流动的地域十分狭小，人们职业和身份的变化也小，城镇工人的子女"子承父业"继续在国营或集体的工厂里工作，农民的子女"子承父业"继续在土地里刨食，因此，一个人的收入和地位很大程度上取决于其父辈。市场化的改革显然一步步打破了这种僵化的体制，人们，特别是年轻人，一是实现了城乡、地域上的迁移，二是实现了职业和身份上的转换，他们与他们父辈的生命轨迹从此区分开来，其收入和社会地位也因此与他们的父辈关系变小。

其次，除了经济市场化、自由化的大背景，还有许多细微之处需要关注，这对我们判断未来中国代际流动性的趋势至关重要。

中国过去代际流动性的提高，或者说代际收入弹性的下降，主要是靠穷人，尤其是农民的子女通过上学、迁移从而脱离父辈的轨道实现的，而富人的代际收入弹性仍然相对较高，且在改革开放中下降程度相对要小。这一解释是是十分符合我们对于中国发展过程的直觉感受的。在当代中国，农民如果未脱离农村和农业，在很大程度上收入和阶层仍是固化的，他与他的父辈农民不会有太本质区别。但如果农民的子女实现了非农化，迁移到城市，则工作、收入和生活就会有很大的差异，从而与其父辈的轨迹分离，导致两者的收入相关性下降。但是，对于本来就是社会中的富裕阶层，特别是城市居民来讲，改革造成的这种子女与父辈的割裂会小得多，他们本来就在城市，做着非农的工作，他们的子女多半也是这样。这使得城市居民的代际收入弹性反而要高。陈琳和袁志刚（2012）的研究证实了这一解释。他们的估计结果显示，农村的代际收入弹性明显小于城镇，低收入阶层的代际收入弹性明显小于高收入阶层。

进一步分析，是否发生迁移与他们的代际收入弹性有很大关系。个体发生迁移，从经济上来说，一般是因为迁移会给他带来经济上的改善，特别是从落后地区向发达地区的迁移。孙三百等（2012）的研究利用CGSS2006的数据估计了代际收入弹性并比较发现，迁移群体的代际收入弹性明显更低，从系数来看，不到未迁移群体的1/2。这揭示了保障居民的自由迁移权利对于降低社会阶层固化带来的积极作用。此外，研究还发现，发达地区迁移与未迁移群体的代际收入弹性无差别，这也是合乎直觉的，与上面讨论城镇居民的代际收入弹性一样，如果你本来就是在富裕的地区，即使发生迁移，也不存在从贫穷地区迁到富裕地区带来的与父辈地位割裂的效果。最后，发达地区居民的代际收入弹性要低于落后地区的未迁移者，这意味着，中国阶层最固化，最缺乏社会流动性的可能是那些生活在贫穷地区，又由于迁移障碍（如教育、年龄、劳动技能等形成阻碍）无法迁移的人群，他们将高度延续父辈的低收入特征，并陷入代际的贫困陷阱。

因此，在理解了过去中国代际收入弹性下降（社会流动性提高）背后的更多细节后，我们的判断是，未来中国的代际收入弹性可能会经历一段时期的上升，意即社会流动性出现下降。判断的主要依据，与本文前面关于人口结构、农村剩余劳动力等的讨论是一致的：

其一，子女和父辈，特别是和贫穷的父辈收入轨迹的割裂主要发生在他们进入劳动力市场获取收入之时。因此，如果社会中突然出现大量的年轻人进入（城镇）劳动力市场，这些年轻人与父辈的收入依存关系就将明显变小。这就会使得社会整体的代际收入弹性都变小，从而显得社会流动性变高。但当这些年轻人逐步稳定下来，社会新增劳动力数量明显变少时，就会使得社会总体代际收入弹性又有变高的倾向。

其二，我们的讨论认为，中国农村劳动力向城镇转移的潜力已经明显变小，农村剩余劳动力已经不多，农村老龄化速度将大为加快。这意味着，通过城乡迁移实现的社会总体代际收入弹性下降的作用也很可能会逐步变小，从而使得代际收入弹性提高，社会流动性变弱。

其三，由于从已有研究成果看，城镇居民的代际收入弹性相对更高，城镇人口占比的提高，也倾向于使得社会总体代际收入弹性变高。

那么，如何使社会的代际收入弹性降低，从而提高社会流动性呢？国外学者在这方面大量的研究已经给出了充分的答案。其中最主要者，在于保障起点公平。这就需要政府在教育、营养和医疗卫生方面做出足够的努力，保障全社会居民的基本医疗，降低个人医疗对于家庭收入的依赖程度，降低儿童因为生病看不起病而耽误人力资本积累的可能；保障居民，特别是儿童和青少年的膳食营养，降低儿童的智力和身体发育对家庭收入的依赖；保障居民，特别是儿童和青少年接受充分的教育，降低人们的受教育程度对家庭收入的依赖，让他们的人力资本水平取决于他们的聪明才智，而不是他是否有个"富爸爸"。

对于中国而言，还有特殊的一些方面需要注意来保障社会流动性，那就是，要保障居民自由迁徙的权利，要大力排除或改革劳动力自由迁移的制度障碍，特别是以户籍制度为首的阻碍了劳动力自由流动的医疗保障制度、养老保险制度、土地制度等。我们相信，中国经济的新常态为我们解决这一问题提供了良好的社会经济条件。

结　语

当前中国经济发展的第一要务，就是平滑地从旧常态向新常态过渡。

从本质上说，过渡时期的任务，就是要消除旧常态积淀下来的各种不平衡、不协调、不可持续的矛盾，并逐步铲除造成这些矛盾的社会经济基础。完成任务的途径，就是认真贯彻落实党的十八届三中、四中全会决定，贯彻落实中央经济工作会议精神，进一步深化改革、全面推进依法治国，全面调整理念、心态、战略和政策，主动适应新常态，并通过全面深化改革，积极引领新常态向着设定的美好愿景发展。

在旧常态向新常态的转换中，必须坚持"宏观政策要稳、微观政策要活、社会政策要托底的总体思路"，保持宏观政策连续性和稳定性。

要保持宏观经济稳定，必须正确处理新常态下潜在增长率、就业、物价水平的辩证关系。我们的分析显示：未来 5～10 年，我国的实际经济增长率若保持在潜在增长率左右（参见第四章），便能在低通货膨胀率下，实现到 2020 年 "两个翻番" 的目标。同时，根据中国社科院对 GDP 的非农就业弹性和劳动力供给之间关系的研究，2013～2017 年，我国经济增长若保持在 7% 左右，就能保障城乡就业稳定。这意味着，未来 5～10 年，我国宏观经济运行可以在绷得不紧的环境中，比较从容地展开转型。

在实施转型的过程中，宏观经济政策理所当然地应当重视结构性（定向）调控。结构问题，不仅构成发展经济学的重要组成部分，更是包括中国在内的广大发展中国家在经济发展实践中遇到的最棘手、最关键、最复杂、绕不开，因而必须认真处理好的核心问题。以调控产业、企业、市场、需求等国民经济重大领域的结构为出发点，综合实施财政政策、货币政策以及产业政策，矫正国民经济各种结构性扭曲，实为宏观经济政策在新形势下的新发展。

实施经济转型的重点在于加强供给管理。所谓供给管理，主要指以激发企业和市场活力为要义的体制机制改革以及相应的政策安排，包括降低市场准入门槛，降低税负，降低融资成本，提高劳动、资本、土地、资源等要素市场效率等举措。

从供给侧施行调控，发达国家的经验教训值得借鉴。无论是20世纪70年代美国的"滞胀"，还是过不久便在日本产生的泡沫经济，其在一段时期中愈演愈烈的根本原因，都在于政府普遍误判了潜在增长率，并主要依赖需求管理政策刺激经济。进一步，美国所以最终走出滞涨，而日本却陷入"失去的20年"不可自拔，关键就在于前者最终将调控重心转向了供给侧（出现了所谓"供给学派革命""里根经济学"等），而日本则抱残守缺，坚持需求管理，不思与时俱进。鉴于中国目前的状况与美日当年有相似之处，我们必须认真研究其中的经验教训，从供求两侧来实施宏观政策，促成新常态下的经济转型升级。

参 考 文 献

［1］ Abiad,A. ,Detragiache,E. ,and Tressel,T. (2008) , "A new Database of Financial Reforms" ,IMF,WP/08/266.

［2］ Acemoglu,D. ,Aghion,P. ,& Zilibotti,F. (2002) , "Distance to Frontier,Selection,and Economic Growth" , *National Bureau of Economic Research* ,No. w9066.

［3］ Acemoglu,D. ,Akcigit,U. ,& Celik,M. (2013) , " Young,Restless and Creative: Openness to Disruption and Creative Innovations" , *National Bureau of Economic Research* ,No. w19894.

［4］ Aghion,P. ,Alesina,A. ,Trebbi,F. (2007) , " Democracy,Technology,and Growth" ,National Bureau of Economic Research,No. 13180.

［5］ Aghion,Philippe,and Peter Howitt(1998) , *Endogenous Growth Theory* ,Cambridge,Massachusetts: The MIT Press,London,England.

［6］ Aizenman,J. ,Lee,J. ,and Sushko,V. (2010) , "From the Great Moderation to the Global Crisis: Exchange Market Pressure in the 2000s" , National Bureau of Economic Research,No. 16447.

［7］ Armstrong,A. ,Caselli,F. ,Chadha,J. ,and Haan,W. (2014) , "Has the West entered secular stagnation? Results from the Centre for Macroeconomics October survey" ,Vox: http://www. voxeu. org/article/secular-stagnation-survey-uk-based-macroeconomists.

［8］ Azzimonti, M. , Francisco, E. , and Quadrini, V. (2014) , "Finan-cial Globalization, Inequality, and the Rising Public Debt", *American Economic Review* 104 (8) , pp. 2267-2302.

［9］ Becker, G. S. , & Tomes, N. (1979) , "An Equilibrium Theory of the Distribution of Income and Intergenerational Mobility", *The Journal of Political Economy*, pp. 1153-1189.

［10］ Benabou, R. , & Ok, E. A. (2001) , "Mobility as Progressivity: Ranking Income Processes according to Equality of Opportunity", National Bureau of Economic Research, No. w8431.

［11］ Bernanke, B. S. (2004) , "The Great Moderation", Federal Reserve Bank of St. Louis. Retrieved from http://www. federalreserve. gov/ Boarddocs/Speeches/2004/20040220/.

［12］ Bernanke, B. S. (2005) , "The Global Saving Glut and the U. S. Current Account Deficit", Speech on March 10, Federal Reserve Board.

［13］ Blanchard, O. J. , & Simon, J. (2001) , "The Long and Large Decline in U. S. Output Volatility", *Brookings Papers on Economic Activity*, (1) , pp. 135-174.

［14］ Borst, N. (2012) , *Urbanization and Economic Growth in China.* Peterson Institute for International Economics.

［15］ Bussière, M. , Pérez-Barreiro, E. , Straub, R. & Taglioni, D. (2011) , "Protectionist Responses to the Crisis: Global Trends and Implications", The World Economy, 34, pp. 826-852.

［16］ Buttiglione, L. , Lane, P. , Reichlin, L. , and Reinhart, V. (2014) , "Deleveraging? What deleveraging?" *Geneva Reports on the World Economy*, No. 16.

[17] Chang, Ha-Joon(2003), "Kicking Away the Ladder: The 'Real' History of Free Trade", Washington, DC: Foreign Policy in Focus, December 30.

[18] Clarida, R. (2010), "The Mean of the New Normal is an Observation Rarely Realized: Focus also on the Tails", *Global Perspectives PIMCO*, (7).

[19] Clark, T. E. (2009), "Is the Great Moderation Over? An Empirical Analysis", *Federal Reserve Bank of Kansas City Economic Review*, 2009, pp. 5-42.

[20] Crafts, N. (2014), "Secular stagnation: US hypochondria, European disease?" in *Secular Stagnation: Facts, Causes, and Cures*, Teulings, C. and Baldwin, R. (eds.), CEPR Press, pp. 91-100.

[21] Davis, S. J., & Kahn, J. A. (2008), "Interpreting the Great Moderation: Changes in the Volatility of Economic Activity at the Macro and Micro Levels", *Journal of Economic Perspectives*.

[22] Dominguez, K., and Shapiro, M. (2013), "Forecasting the Recovery from the Great Recession: is this time Different?" National Bureau of Economic Research, No. 18751.

[23] Eichengreen, B. (2014), "Secular stagnation: A Review of the Issues", in *Secular Stagnation: Facts, Causes, and Cures*, Teulings, C. and Baldwin, R. (eds.), CEPR Press, pp. 41-46.

[24] El-Erian, M. A. (2010), "Navigating the New Normal in Industrial Countries", International Monetary Fund, Dec. 15, Retrieved Oct. 18, 2012.

[25] El-Erian, M. A. (2014), "The New Normal has been Devasta-

ting for America", *Business Insider*, Mar. 22.

[26] Farhi, E. , Gourinchas, P. , and Rey, H. (2011), "Reforming the International Monetary System", Centre for Economic Policy Research.

[27] Freeman, R. (2005), "China, India and the Doubling of the Global Labor Force: Who Pays the Price of Globalization?", *The Globalist*, 3.

[28] Glaeser, E. (2011), *Triumph of the City: How our Greatest Invention Makes US Richer, Smarter, Greener, Healthier and Happier*, Pan Macmillan.

[29] Glaeser, E. L. (2014), "Secular Joblessness", in *Secular Stagnation: Facts, Causes, and Cures*, Teulings, C. and Baldwin, R. (eds.), CEPR Press, pp. 47-60.

[30] Goldstein, Joshua S. (1988), *Long Cycles: Prosperity and War in the Modern Age*, Yale University Press: New Haven and London.

[31] Gordon, R. J. (2005), "The 1920s and the 1990s in Mutual Reflection", National Bureau of Economic Research, No. 11778.

[32] Gordon, R. J. (2010), Revisiting U. S. , "Productivity Growth over the Past Century with a View of the Future", National Bureau of Economic Research, No. 15834.

[33] Gordon, R. J. (2012), Is U. S. , "Economic Growth Over? Faltering Innovation Confronts the Six Headwinds", National Bureau of Economic Research, No. 18315.

[34] Gordon, R. J. (2014), "The Turtle's Progress: Secular Stagnation Meets the Headwinds", in *Secular Stagnation: Facts, Causes, and Cures*, Teulings, C. and Baldwin, R. (eds.), CEPR Press, pp. 47-60.

[35] Green,R. K.,Malpezzi,S.,& Mayo,S. K. (2005),"Metropoli-tan-Specific Estimates of the Price Elasticity of Supply of Housing,and their Sources",*American Economic Review*,95,pp. 334-339.

[36] Hall,R. (2014),"Quantifying the Lasting Harm to the U. S. Economy from the Financial Crisis",*NBER Macroeconomics Annual*.

[37] Hansen,A. (1939),"Economic Progress and Declining Popula-tion Growth",*American Economic Review*,29(1),pp. 1-15.

[38] Helpman,Elhanan,and Manuel Trajtenberg. (1998),"A Time to Sow and a Time to Reap: Growth Basedon General Purpose Technolo-gies",in E. Helpman,*General Purpose Technologies and Economic Growth*,Cambridge: MIT Press,pp. 55-83.

[39] Hoffman,D.,& Polk,A. (2014),"The Long Soft Fall in Chi-nese Growth: Business Realities,Risks,and Opportunities",The Conference Board.

[40] Hsieh,C. T.,& Klenow,P. J. (2009),"Misallocation and Man-ufacturing TFP in China and India",*The Quarterly Journal of Economics*,124(4),pp. 1403-1448.

[41] IMF (2007),"World Economic Outlook: Globalization and Ine-quality",IMF,October.

[42] IMF (2012),"People's Republic of China 2012 Article IV Con-sultation",IMF Country Report No. 12/195,July.

[43] IMF (2014),"World Economic Outlook: Legacies,Clouds,Un-certainties",IMF,October.

[44] Jimeno,J.,Smets,F.,and Yiangou,J. (2014),"Secular stag-nation: A View from the Eurozone",in *Secular Stagnation: Facts,Causes*,

and Cures, Teulings, C. and Baldwin, R. (eds.), CEPR Press, pp. 153-164.

［45］ King, Mervyn, and David Low (2014), "Measuring the 'World' Real Interest Rate", NBER Working Paper No. 19887.

［46］ Kondratieff, N. D. (1935), "The Long Waves in Economic Life", a 1926 paper partially translated to English in *Review of Economic Statistics*, Vol. XVII, pp. 105-115.

［47］ Koo, R. C. (2014), "Balance Sheet Recession is the Reason for Secular Stagnation", in *Secular Stagnation: Facts, Causes, and Cures*, Teulings, C. and Baldwin, R. (eds.), CEPR Press, pp. 131-142.

［48］ Krugman, P. (2014), "Four Observations on Secular Stagnation", in *Secular Stagnation: Facts, Causes, and Cures*, Teulings, C. and Baldwin, R. (eds.), CEPR Press, pp. 61-68.

［49］ Lall, S. (1994), "Industrial Policy: the Role of Government in Promoting Industrial and Technological Development", *UNCTAD Review*, pp. 65-90.

［50］ Laubach, T., and Williams, J. (2003), "Measuring the Natural Rate of Interest", *Review of Economics and Statistics* 85 (4), pp. 1063-1070.

［51］ Lee, M. I. H., Syed, M. M. H., & Xueyan, M. L. (2013), *China s Path to Consumer-Based Growth: Reorienting Investment and Enhancing Efficiency*, International Monetary Fund.

［52］ Liang, J., Lazear, E. P., & Wang, H. (2014), "Demographics and Entrepreneurship", National Bureau of Economic Research, No. w20506.

［53］ Lindert, P. H. (2000), "Three Centuries of Inequality in Britain and America", *Handbook of Income Distribution*, 1, 167-216.

［54］ Lucas, R. (1990), "Why doesn't Capital Flow from Rich to Poor Countries", *American Economic Review*, 80(2), pp. 92-96.

［55］ Mandel, Ernest(1980), *Long Waves of Capitalist Development*, Cambridge University Press.

［56］ Mankiw, N. G. , & Weil, D. N. (1989), "The Baby Boom, the Baby Bust, and the Housing Market", *Regional Science and Urban Economics*, 19(2), 235-258.

［57］ McKinsey Global Institute (2013), "Game Changers: Five Opportunities for US Growth and Renewal", July.

［58］ Mensch, G. (1975), *Stalemate in Technology*, Cambridge, Massachusetts: Ballinger, English Trans. , 1979.

［59］ Mokyr, Joel (1990), *Twenty-Five Centuries of Technological Change: An Historical Survey*, Switzerland, Harwood Academic Publishers.

［60］ Ouyang, M. , Peng, Y. (2013), "The Treatment-Effect Estimation: A Case Study of the 2008 Economic Stimulus Package of China", Working Paper, Forthcoming in *Journal of Econometrics*.

［61］ Parkinson, C. N. (1958), *Parkinson's law: The pursuit of progress*, Reprinted in 2007.

［62］ Pash, C. (2011), "Use of the Label 'New Normal' on the Rise", *The Australian*, May 16.

［63］ Piketty, T. (2014), *Capital in the Twenty-first Century*, Harvard University Press.

［64］ Piketty, T. , and Saez, E. (2013), "Top Incomes and the Great Recession: Recent Evolutions and Policy Implications", *IMF Economic Review* 61 (3), pp. 456-478.

［65］ Reinhart,C. ,and Rogoff,K. (2014),"Recovery from Financial crises: Evidence from 100 Episodes",NBER Working Paper,No. 19823.

［66］ Romer,C. ,and Romer,D. (2002),"The Evolution of Economic Understanding and Postwar Stabilization Policy",NBER Working Paper, No. 9274.

［67］ Rostow,W. W. (1978),*The World Economy: History & Prospect*,London and Basingstoke: The Macmillan Press LTD.

［68］ Schumpeter,Joseph A. (1939),*Business Cycles*,Vol. I, New York.

［69］ Solow,R. (2014),"Affluent Economies Stuck in Neutral",*Finance & Development*,vol. 51 (3).

［70］ Stiglitz,J. (2012),*The Price of Inequality: How Today's Divided Society Endangers Our Future*,W. W. Norton Company.

［71］ Stock,J. H. ,& Watson,M. W. (2002),"Has the business cycle changed and why?",In *NBER Macroeconomics Annual 2002*,Volume 17, pp. 159-230,MIT press.

［72］ Summers,L. (2014),"Bold Reform is the Only Answer to Secular Stagnation",*Financial Times* Columns,September 8.

［73］ Summers,L. (2014),"U. S. Economic Prospects: Secular Stagnation,Hysteresis,and the Zero Lower Bound",*Business Economics*,April.

［74］ Taylor,A. (2002),"A Century of Current Account Dynamics", NBER Working Paper,No. 8927.

［75］ Teulings,C. ,and Baldwin,R. (2014),"Introduction",in *Secular Stagnation: Facts, Causes, and Cures*,Teulings, C. and Baldwin,R. (eds.),CEPR Press,pp. 1-23.

［76］ Triffin, R. (1960), *Gold and the Dollar Crisis*：*The Future of Convertibility*, Yale University Press.

［77］ United Nations University(UNU), International Human Dimensions Programme(IHDP), UNEP(2012), *Inclusive Wealth Report*, *Measuring Progress toward Sustainability*, p. 368.

［78］ Van Duijn(1983), *The Long Wave in Economic Life*, George Allen & Unwin Press.

［79］ Wei, S. J., Zhang, X., & Liu, Y. (2012), "Status Competition and Housing Prices", National Bureau of Economic Research, No. w18000.

［80］ Wu, H. X. (2014), "China's Growth and Productivity Performance Debate Revisited-Accounting for China's Source of Growth with A New Data Set", The Conference Board.

［81］ 白重恩、张琼：《中国经济减速的生产率解释》，《比较》2014 年第 4 期。

［82］ 白重恩、张琼：《中国的资本回报率及其影响因素分析》，《世界经济》2014 年第 10 期。

［83］〔法〕费尔南·布罗代尔：《十五至十八世纪的物质文明、经济和资本主义》（第三卷），顾良译，生活·读书·新知三联书店1993 年版。

［84］ 蔡昉、王美艳：《农村劳动力剩余及其相关事实的重新考察》，《中国农村经济》2007 年第 10 期。

［85］ 蔡洪斌：《中国经济转型与社会流动性》，《比较》2011 年第 2 期。

［86］ 陈斌开、徐帆、谭力：《人口结构转变与中国住房需求：1999—2025——基于人口普查数据的微观实证研究》，《金融研究》

2012 年第 1 期。

[87] 陈琳、袁志刚:《中国代际收入流动性的趋势与内在传递机制》,《世界经济》2012 年第 6 期。

[88] 陈训波、武康平、贺炎林:《农地流转对农户生产率的影响——基于 DEA 方法的实证分析》,《农业技术经济》2011 年第 8 期。

[89] 程永宏:《二元经济中城乡混合基尼系数的计算与分解》,《经济研究》2006 年第 1 期。

[90] 程永宏:《改革以来全国总体基尼系数的演变及其城乡分解》,《中国社会科学》2007 年第 4 期。

[91] 都阳、蔡昉等:《延续中国奇迹:从户籍制度改革中收获红利》,《经济研究》2014 年第 8 期。

[92] 〔美〕埃德蒙·费尔普斯:《大繁荣:大众创新如何带来国家繁荣》,余江译,中信出版社 2013 年版。

[93] 〔美〕弗朗西斯·福山:《历史的终结》,远方出版社 1998 年版。

[94] 辜朝明:《大衰退:如何在金融危机中幸存和发展》,东方出版社 2008 年版。

[95] 何石军、黄桂田:《中国社会的代际收入流动性趋势:2000—2009》,《金融研究》2013 年第 2 期。

[96] 江小涓:《服务业增长:真实含义,多重影响和发展趋势》,《经济研究》2011 年第 4 期。

[97] 李扬、张晓晶:《失衡与再平衡》,中国社会科学出版社 2013 年版。

[98] 李扬、张晓晶、常欣等:《中国国家资产负债表 2013:理

论、方法与风险评估》，中国社会科学出版社 2013 年版。

［99］李扬：《中国经济发展的新阶段》，《财贸经济》2013 年第 10 期。

［100］林毅夫：《展望未来 20 年中国经济发展格局》，《中国流通经济》2012 年第 6 期。

［101］林毅夫：《中国经济增长的可持续性》，转引自陈元等著：《大碰撞 2014：CF40 – PIIE 共论全球经济新常态》，中国经济出版社 2014 年版。

［102］刘学良、田青：《关于基尼系数按群组分解的进一步研究》，《数量经济技术经济研究》2009 年第 10 期。

［103］刘学良、吴璟、邓永恒：《人口冲击、婚姻和住房市场》，世界华人不动产学会 2011 年年会会议论文。

［104］刘学良：《中国收入差距的分解：1995—2006》，《经济科学》2008 年第 3 期。

［105］刘学良：《宏观经济视角下的中国房产市场价格研究》，博士学位论文南开大学 2012 年。

［106］刘学良：《中国城市的住房供给弹性、影响因素和房价表现》，《财贸经济》2014 年第 4 期。

［107］卢锋：《"新常态"与"非常态"》，《财经》2014 年第 30 期。

［108］罗德明、李晔、史晋川：《要素市场扭曲、资源错置与生产率》，《经济研究》2012 年第 3 期。

［109］罗斯托：《世界经济的长周期和环太平洋时代》，《日本经济新闻》1983 年 9 月 26 日。

［110］彭兴韵：《金融危机管理中的货币政策操作——美联储的

若干工具创新及货币政策的国际协调》,《金融研究》2009 年第 4 期。

[111] 任希丽:《当前世界经济长波运行状态及趋势研究——兼论世界经济长波中的经济危机与赶超效应》,南开大学研究生院博士论文,2013 年。

[112] 宋雷磊:《全球金融危机后的"新常态"与中国宏观经济》,《开放导报》2012 年第 5 期。

[113] 孙三百、黄薇、洪俊杰:《劳动力自由迁移为何如此重要?——基于代际收入流动的视角》,《经济研究》2012 年第 5 期。

[114] 王金南、於方、曹东:《中国绿色国民经济核算研究报告 2004》,《中国人口资源与环境》2006 年第 6 期。

[115] 沃尔夫、马丁:《资本主义的金融危机宿命》,《金融时报》2014 年 6 月 3 日。

[116] 谢平、邹传伟:《金融危机后有关金融监管改革的理论综述》,《金融研究》2010 年第 2 期。

[117] 袁富华:《长期增长过程的"结构性加速"与"结构性减速":一种解释》,《经济研究》2012 年第 3 期。

[118] 岳希明、李实、史泰丽:《垄断行业高收入问题探讨》,《中国社会科学》2010 年第 3 期。

[119] 张传勇、刘学良:《高校扩招对房价上涨的影响研究》,《中国人口科学》2014 年第 6 期。

[120] 张军:《中国经济"新常态"不存在》,2014 年 11 月 4 日,见 www.bwchinese.com/。

[121] 张兴华:《中国农村剩余劳动力的重新估算》,《中国农村经济》2013 年第 8 期。

[122] 赵春明、赵远芳:《国际贸易新规则的挑战与应对》,《红

旗文稿》2014 年第 21 期。

［123］周云波：《城市化、城乡差距以及全国居民总体收入差距的变动——收入差距倒 U 形假说的实证检验》，《经济学（季刊)》2009 年第 4 期。

［124］朱光耀：《金融危机五年后全球经济面临的挑战》，转引自陈元等著：《大碰撞 2014：CF40‒PIIE 共论全球经济新常态》，中国经济出版社 2014 年版。